El caballero dama

Juan de la Cuesta Hispanic Monographs

Ediciones críticas, 93

CRISTÓBAL DE MONROY Y SILVA

El caballero dama

Edición crítica y estudio introductorio

de

Sidney Donnell
Lafayette College

Juan de la Cuesta
Newark, Delaware

Juan de la Cuesta Hispanic Monographs
An imprint of LinguaText, LLC
103 Walker Way
Newark, Delaware 19711-6119 USA
(302) 453-8695

www.JuandelaCuesta.com

MANUFACTURED IN THE UNITED STATES OF AMERICA

ISBN: 978-1-58871-302-5 (HB)
ISBN: 978-1-58871-313-1 (PB)

Agradecimientos

Me es grato dejar constancia de mi agradecimiento a los siguientes organismos cuyo generoso apoyo ha facilitado la preparación de la presente edición:

Lafayette College Office of the Provost
Lafayette College Library
Biblioteca de Menéndez Pelayo
Biblioteca Nacional de España
Biblioteca Palatina
Bibliothèque municipale de Lyon
Bibliothèque nationale de France
Cambridge University Library
Hispanic Society of America
London Library
Universidade de Lisboa, Biblioteca da Faculdade de Letras
University of North Carolina at Chapel Hill Rare Book Collection
University of Pennsylvania Rare Books Library

También quisiera expresar mi profundo reconocimiento a los individuos que han posibilitado, directa o indirectamente, la aparición de este libro, especialmente a:

Jeff Maskovsky
Judy Filc
Harry Vélez Quiñones
María Mercedes Carrión
Julio González Ruiz
Elizabeth Wright
Sharon D. Voros
Jonathan Wade
Meredith Jeffers

José M. Regueiro†
Bonnie Gasior
Alessandro Giovannelli
George Rosa
Karen Haduck
Markus Dubischar
Mary Toulouse
Kathy Powell
Susie Powell

Índice

Estudio Introductorio

Orientación

El principal objetivo de la presente edición crítica es dar a conocer *El caballero dama*, una obra de teatro de la primera mitad del siglo XVII que hace honor a su título seductor. ¿El protagonista será un hombre o una mujer de la corte española? ¿Habrá acaso dos personajes que comparten el mismo cuerpo? ¿Tratará acerca de transformaciones o transmutaciones de sexo o género?

Hasta el día de hoy, *El caballero dama* sigue siendo una obra poco estudiada. Tampoco hay muchas investigaciones sobre la vida y obra del dramaturgo, Cristóbal de Monroy y Silva (1612–49).[1] Sin embargo, mi intención no es resucitar todas las obras dramáticas de Monroy y Silva para rescatar al poeta del olvido. Me interesa una comedia en particular, *El caballero dama*, y lo que ésta revela sobre las concepciones tanto del género teatral como de los géneros masculino y femenino durante el presunto "Siglo de oro."

Durante la primera mitad del siglo XVII, España era un país de enormes contrastes. Una producción cultural brillante—durante el periodo que muchos hoy en día llamamos Barroco—convivió con los logros típicamente mediocres de los reinados de Felipe III y Felipe IV, los "Austrias menores." Cuando apareció la obra, el conde-duque de Olivares, ministro favorito del rey Felipe IV, tenía muchos enemigos. No se sabe si Monroy simpatizaba con los ambiciosos planes de Olivares para fortalecer la monarquía imperial. No obstante, el análisis discursivo de *El caballero dama* revela las ansiedades culturales en torno a la empresa imperial en general.

---

1 Los siguientes investigadores han aportado datos históricos sobre Monroy y Silva o un análisis crítico de su obra *El caballero dama*: Canavaggio (1979), Bradbury (1981), O'Connor (1984), Kromayor (1987), Ruano de la Haza (1994), Donnell (1995, 2003), Stoll (1998), Altamiranda (1999), Abad (2001) y Urzáiz Tortajada (2003).

A primera vista, esta obra de teatro sí apoya la monarquía absoluta. Sin embargo, a lo largo de *El caballero dama*, el joven dramaturgo pierde el control sobre los personajes travestis y, como consecuencia, también pierde su autoridad sobre el discurso promonárquico. Aunque Monroy no propone una alternativa a las monarquías imperiales, el mundo que satiriza se pone tan del revés y se vacía tanto de significado, que apenas se rectifica al final. Además, la España retratada en *El caballero dama* es colonia, no metrópoli, y su monarca se encuentra muy lejos de ser el representante predilecto de dios en la tierra, al estilo de los reyes de las monarquías absolutas de la época.

Leer a un dramaturgo barroco

La comedia (que en los siglos XVI y XVII, por extensión, aludía casi a cualquier obra dramática) era el género literario más lucrativo de la época, sobre todo para los dramaturgos que lograran llevar sus obras a las tablas teatrales, fueran públicas o palaciegas. En este contexto, sabemos que Cristóbal de Monroy y Silva gozó de cierta riqueza y fama, aunque algunos, como "el Monstruo de la naturaleza" Lope de Vega, disfrutaran de estos favores de manera mucho más duradera. Tal era la monstruosidad de esos pocos que—según lo que quizá sea más leyenda que historia literaria—otros dramaturgos talentosos como Miguel de Cervantes se sentían obligados a abandonar el género dramático para ganarse la vida de otra manera.

Sin duda, dentro de un mercado ya saturado de producciones teatrales de excelentes dramaturgos, Monroy tuvo más suerte que algunos de sus contemporáneos. Sin embargo, "[m]urió muy joven. Falleció precisamente cuando empezaba a producir más y mejores obras" (Bem Barroca 1976, 23). En vida y después de su muerte, le tocó competir directamente con poetas como Lope de Vega, Luis Vélez de Guevara, Ana Caro, Pedro Calderón de la Barca y Francisco de Rojas Zorrilla, entre otros. A pesar de esto, y aunque nuestro dramaturgo no dedicó su carrera exclusivamente a la literatura, no es poca cosa decir que sus obras dramáticas tuvieron éxito en las tablas e imprentas de España durante un periodo de gran esplendor literario.

Gracias a las investigaciones doctorales de Manuel Bem Barroca (1966), tenemos algunos datos sobre la vida extraliteraria del poeta. Cristóbal de Monroy y Silva nació en 1612 en una familia acomodada de Alcalá de Guadaíra, cerca de Sevilla, que, según parece, provenía de la hidalguía extremeña (Bem Barroca 1976, 11). Se examinó en latín en el Colegio Mayor de Santa María de Jesús en 1629 y empezó a estudiar artes poco después en la Universidad de Sevilla. Luego se trasladó a la Universidad de Salamanca, aunque Bem Barroca duda que terminara la licenciatura (1976, 16–17). En 1635, falleció el padre de Monroy, y en enero de 1637 el poeta se casó con Ana Arias Salvador (Bem Barroca 1976, 18). A partir de entonces, participó en la vida política, militar y jurídica de su pueblo natal.

Cayetano de la Barrera y Leirado dice que Monroy recibió el título de "regidor perpetuo" de la villa en 1639 (1969 [1860], 263). En cambio, éste se describe a sí mismo como "teniente de la Real fortaleza" de Alcalá cuando publica su *Epítome de la historia de Troya* (1641). En junio del mismo año, aparece en una lista de hidalgos enviados a defender las villas fronterizas después de que Portugal declaró su independencia de España en diciembre de 1640. Los archivos del Ayuntamiento de Alcalá indican que ya estaba de regreso en mayo de 1644, y, según Bem Barroca, "[a] fines de 1646 o principio del 47, el poeta vivió el papel de uno de los protagonistas de sus comedias" (1976, 19). Tuvo un duelo con su cuñado pero, al mismo tiempo, Alonso Álvarez de Toledo, señor de Alcalá de Guadaíra, le nombró "promotor de su justicia en la 'Audiencia mayor'" (Bem Barroca 1976, 20). Sin embargo, se le acabó la suerte, como a muchos andaluces en esa época. El hambre de 1647 dio lugar a una peste en 1649 que acabó con su vida, la de su única hija y la de la madre del poeta (Bem Barroca 1976, 21–22). Ni siquiera había cumplido los 37 años cuando falleció.

Monroy escribió alrededor de cuarenta obras literarias. La mayor parte de ellas son obras dramáticas, a las que John William Peters dedicó su tesis doctoral, sin ignorar las comedias de autoría dudosa (1954). Por su parte, Bem Barroca cataloga las obras dramáticas de Monroy de la siguiente manera: once comedias religiosas, cinco mitológicas, cinco históricas y legendarias de España, dos de ficción morisca y caballeresca y ocho de costumbres (1976, 24–25).[2] Entre las cinco comedias mitológicas, cuatro tratan el ciclo de Troya: *El caballero dama*, *El robo de Elena*, *Héctor y Aquiles* y *La destrucción de Troya*. Monroy también logró publicar una obra en prosa en Sevilla en 1641, *Epítome de la historia de Troya, su fundación y ruina*, con la prestigiosa Imprenta de Francisco de Lyra.

No es de sorprender que nuestro dramaturgo, natural de Alcalá de Guadaíra, mantuviera vínculos muy cercanos con los teatros y casas editoriales de la capital sevillana. Según Héctor Urzáiz Tortajada, *Lo que pasa en un mesón* (una de las obras más célebres de Monroy) y *No hay amor donde no hay celos* fueron representadas en el corral de la Montería en 1643 (2003, 885). Por otra parte, las investigaciones de José María Ruano de la Haza revelan que la fama de Monroy se extendió fuera de Sevilla (1994). Según este crítico, Juan

2 Hay bibliografías más recientes, pero, en mi estimación, el estudio de Bem Barroca (1976) sigue siendo el más riguroso.

Navarro de Espinosa, fiscal de comedias de Madrid (es decir, censor), vio *Lo que pasa en un mesón* y aprobó su representación en junio de 1643 (Ruano de la Haza 288).

De esta manera, las obras de Monroy se representaron y se publicaron en Sevilla pero también se llevaron a los teatros y casas editoriales de otros centros comerciales y culturales de la península. De hecho, muchas imprentas seguían publicando las obras teatrales de Monroy en forma de suelta hasta fines del siglo XVIII. Por eso, Bem Barroca propone medir la fama del poeta a través de sus obras impresas: "[L]a mayor parte de las obras de don Cristóbal agradaron al público, puesto que este mismo público las reclamaba. Son muy pocas las comedias que se hayan limitado a una edición" (1976, 26). Entre las más editadas se encuentra *El caballero dama*, que, según mis investigaciones, gozó de trece ediciones a lo largo de unos ciento treinta años después de su estreno.

Leer una comedia travesti

A los lectores y espectadores de hoy puede asombrarles que la mujer vestida de hombre fuera un tema frecuente en la comedia de los siglos XVI y XVII.[3] Y quizás les sorprendería aún más que casi todos los dramaturgos principales de la época escribieran una obra con un hombre vestido de mujer (Canavaggio 1979, 135). Por analogía, *El caballero dama* evoca otros títulos de carácter oximorónico de la época, como "La española inglesa," cuento o novela breve de Miguel de Cervantes.

Probablemente, a algunos espectadores y lectores contemporáneos de Cristóbal de Monroy y Silva, las palabras también les habrían traído a la memoria la famosa comedia de Juan Pérez de Montalbán, *La monja alférez* (1625), cuyo título alude a la confluencia en el mismo ser humano, Catalina de Erauso, del oficio religioso de las mujeres y de la profesión militar de los hombres. Un caso célebre, Erauso, que era novicia en Donostia/San Sebastián, se escapó del convento a fines del siglo XVI, se vistió de hombre y se enroló en el ejército español en Suramérica. Después de muchos años, tuvo que revelar su sexo a las autoridades. Recibió un indulto del Papa para seguir su vida vestida de hombre y, al final, desapareció en México, donde trabajaba de mulero (Perry 1990).

---

3 A pesar de ser una protagonista secundaria de *La batalla de Pavía y prisión del rey Francisco* de Monroy y Silva, Lisarda se destaca por su rechazo casi completo de una identidad femenina. Véase la edición crítica de Paolo Pintacuda (Monroy y Silva 2002).

A primera vista, el tema principal de *El caballero dama* parece ser más "culto" que el de *La monja alférez*, porque se basa en el mito de Aquiles en la isla de Esciro en lugar de en una anécdota contemporánea. Tetis, ninfa y madre de Aquiles, obliga al joven imberbe a que se vista de dama y se mude a una corte lejana para evitar su destino infeliz en la guerra de Troya. El tema mitológico del Aquiles vestido de mujer se puso de moda en Europa durante las primeras décadas del siglo XVII a través de los versos clásicos de Estacio, y se difundió por distintos medios.

Al principio, la imagen de Aquiles descubierto por Ulises se propagó por las artes plásticas (pinturas, dibujos, grabados, tapices, etc.). El momento en el que Aquiles—vestido de mujer y escondido entre las damas de la corte—es descubierto por Ulises inspiró a muchos pintores del siglo XVII, como Vicente Carducho, Pedro Pablo Rubens, Antón van Dyck y José de Ribera (Reid 1993, 1: 5–9). Luego, el mito se popularizó en las artes escénicas y sirvió de argumento a varios dramaturgos europeos. Por ejemplo, el cuento del Aquiles travesti frecuentó los teatros de ópera desde mediados del siglo XVII hasta mediados del siglo siguiente.

A través de un análisis de varios libretos operáticos y sus representaciones en los teatros de Venecia, París, Ferrara, Roma, Nápoles, Londres, Viena y Madrid, P. J. Heslin muestra el impacto que *Aquileida*, el poema épico de Publio Papinio Estacio (s. I d.C.), tuvo en la ópera entre 1641 y 1744 (2005, 1–55). Heslin explica que el Barroco representa el auge de Aquiles como "héroe de una farsa sexual travesti," aunque luego la interpretación de Estacio diera lugar a la representación más sobria de aquél que conocemos hoy en día (xii). En otras palabras, la versión de Estacio dominó a lo largo de muchos siglos. Sin embargo, a partir del redescubrimiento de Homero por parte de Occidente durante el Renacimiento, disminuyó cada vez más el interés en retratos rivales del héroe mitológico (Heslin xiii). Al mismo tiempo, los gustos literarios cambiaron y, durante el Neoclasicismo, muchos poetas como Estacio y Marco Anneo Lucano casi fueron eliminados del canon. Como resultado, apenas si se conocen hoy en día (Heslin xvii–xviii).

Aunque el mito de Aquiles en Esciro fue prácticamente eliminado, otro relato sí sobrevivió: el famoso mito de la vulnerabilidad del talón del héroe no es de origen homérico, sino una reinterpretación diseminada por Estacio. Desde luego, la versión de Estacio—precisamente, la descripción de Tetis sosteniendo al joven Aquiles por un tobillo y sumergiéndolo casi entero en el río Estigia para que el niño no sufra heridas mortales—se ha mantenido en las representaciones del mito heroico hasta el día de hoy (Heslin xvii).

En su estudio de la comedia travesti en España, Jean Canavaggio (1979) menciona cuatro obras del siglo XVII que tratan el episodio de Aquiles vestido de mujer: *El Aquiles* de Tirso de Molina, *El caballero dama* de Monroy y Silva y *Las manos blancas no ofenden* y *El monstruo de los jardines* de Calderón de la Barca. No se conocen las fechas de producción de estas cuatro obras inspiradas en el mito de Aquiles en Esciro. En 1636, Tirso publicó la *Quinta parte de comedias del Maestro Tirso de Molina*, que recoge su comedia *El Aquiles*. Habitualmente, se llevaba un manuscrito dramático a la imprenta después de agotar sus posibilidades remunerativas en los corrales (teatros) de comedias. Por eso, si se aplica el concepto al caso, el estreno de *El Aquiles* precede a su publicación.

En el caso de las comedias editadas en forma de suelta, como *El caballero dama*, muchas imprentas no incluían ni el año ni el lugar de publicación, ni siquiera el nombre de la casa editorial. A continuación, voy a presentar la manera en la que determiné el año de publicación de la comedia de Monroy. Por el momento, baste saber que *El caballero dama* salió por primera vez de la imprenta hacia 1638. Por lo tanto, fue una interpretación rival de la obra de Tirso, publicada en 1636. También es probable que Calderón entrara en esta rivalidad con Tirso y Monroy. Aunque no se sabe con certeza cuándo se estrenó *Las manos blancas no ofenden*, muchos críticos aceptan el año 1640 propuesto por Juan Eugenio Hartzenbusch (1849), entre ellos, Emilio Cotarelo y Mori (1924, 316–17). Sin embargo, las partes (la obra completa) de Calderón no brindan ninguna pista, porque muchas comedias se publicaron décadas después de su estreno.

Pasados unos veinte años de *Las manos blancas no ofenden*, Calderón estrenó *El monstruo de los jardines*, su segunda adaptación del mito de Aquiles en Esciro. Si bien *El Aquiles*, *El caballero dama* y *Las manos blancas no ofenden* son anteriores a la serie de óperas europeas que describe Heslin, *El monstruo de los jardines* apareció durante el auge del teatro cortesano de espectáculo. En esta etapa, Calderón compuso "piezas ampulosas, acompañadas de música y canto, con escenas de ballet y una escenografía tan sofisticada como su tramoya" (Huerta Calvo 2005, 1138). En su tabla cronológica de obras de teatro españolas, Javier Huerta Calvo propone el año 1661 para *El monstruo de los jardines* (2003, 1434). En contraste, Emmanuelle Garnier afirma que la primera representación tuvo lugar en el Corral de Comedias de la Montería de Sevilla en 1667 (2001, 30).

A principios del presente siglo, *Las manos blancas no ofenden* se incorporó al repertorio de la Compañía de Teatro Nacional de Madrid. La transformación genérica que el mito de Aquiles en Esciro inspiró hace siglos da placer nuevamente al público de hoy y, seguramente, será tema de investigaciones futuras. En este contexto, aparte de servir como fuente de investigación, esperamos que *El caballero dama* de Cristóbal de Monroy y Silva también aparezca pronto en la lista de espectáculos en cartel.

Análisis y comentario

El título de esta obra teatral me llamó la atención por primera vez mientras trabajaba en mi tesis doctoral (1994) en los archivos de la Universidad de Pensilvania. Un año después, publiqué un artículo sobre la ambigüedad liminal de la figura travestida en *El caballero dama* (1995), y luego un análisis más amplio de la misma comedia dentro de un libro dedicado al travestismo en la comedia de los siglos XVI y XVII (2003). No obstante, es importante subrayar que el material presentado aquí ha sido inédito hasta ahora.

El aparato crítico de la presente edición es algo tradicional, ya que se basa en una metodología filológica, pero la aproximación interpretativa que informa el comentario revela un propósito que no lo es. Desde el punto de vista teórico, varias escritoras feministas o *queer* del último cuarto del siglo XX inspiraron (y siguen haciéndolo) mi concepción del género y del sexo: Gayle Rubin (1975), Eve Kosofsky Sedgwick (1985), Marjorie Garber (1992), Judith Butler (1990, 1993).... En lugar de ofrecer un estudio detallado que agote todas las fuentes teóricas y todas sus aplicaciones al caso de *El caballero dama*, voy a detenerme, por el momento, para considerar ejemplos representativos de dos vertientes de la historiografía que siguen influyendo, aún hoy, sobre los críticos e investigadores de la comedia española. Por un lado, en el último cuarto del siglo XX surgieron lecturas de tendencias post-estructuralistas en todos los campos literarios. Por el otro, las interpretaciones tradicionalistas llevan siglos de existencia.

En las últimas décadas, ha habido investigaciones innovadoras, estimulantes y bien razonadas sobre el Estado absolutista y la literatura propagandística de los siglos XVI y XVII. El argumento de Elizabeth Wright (2008) revela que el poema épico *La Dragontea* (1598) le sirvió al poeta Lope de Vega como vehículo para aconsejarle a Felipe III que protegiera las colonias del Imperio en el Nuevo Mundo. La investigadora es sagaz porque no quiere decir con esto que toda la obra poética del Fénix (o que toda la producción poética de la época) es propagandística. De hecho, al final de su carrera, Lope publicó el poema épico *La gatomaquia* (1634), el cual Barbara Simerka (2003) interpreta como una parodia de las celebraciones discursivas de guerra e imperio.

No obstante, a pesar de una brillante exposición, a veces las conclusiones de algunos investigadores siguen siendo tan "absolutas" como las de generaciones anteriores en cuanto al género dramático. Por ejemplo, Antonio Feros declara:

> [L]os dramaturgos—como el resto de autores de la época—vivían en un mundo con una determinada cultura política. [...] Desde esta perspectiva, es claro que en el drama del siglo de oro no podemos encontrarnos posiciones alternativas a la monarquía, porque tales posiciones no existían. (1993, 128)

Es verdad que gran parte del teatro español fue proselitista. Por eso, existe una corriente académica tradicionalista que nunca admite interpretaciones alternativas. La gran desventaja de esta vertiente, si se lleva a un extremo, es la eliminación total de cualquier expresión de diferencias de opinión o culturales en la temprana edad moderna. Según el argumento tradicionalista, no importa que la expresión contra-hegemónica fuera explícita o implícita, ni que tomara forma escrita o dramatizada en el ámbito teatral. No existe, y no hay por qué buscarla dentro o fuera del contexto europeo.

Para algunos lectores, esta postura es problemática. ¿No había suizos, neerlandeses ni catalanes que pudieran haber imaginado una alternativa al sistema monárquico europeo? Y, a pesar del intento de la Corona de españolizar España y de la Iglesia de cristianizar el mundo, ¿los dramaturgos españoles no eran hombres y mujeres letrados? Estuvieran a favor o en contra de distintas maneras de organizarse por parte de los diversos pueblos del mundo, ellos sabían algo de historia clásica, no sólo del periodo de los césares, sino también de la época republicana en Roma y de la democrática en Atenas. También estaban al tanto de los conflictos contemporáneos, y de que el Nuevo Mundo no siempre reflejaba lo que el gran Imperio quería. Entonces, ¿es posible que la comedia representara posiciones alternativas?

Algunos investigadores de discursos de raza, clase, sexo-género, etc. suelen contestar esta pregunta de forma afirmativa. De hecho, varios investigadores feministas o *queer* han dedicado gran parte de sus carreras al estudio de manuscritos inéditos u obras publicadas hace siglos que no tienen ediciones modernas, como hago aquí con *El caballero dama*. Es hora de publicar ediciones críticas de obras desconocidas hoy en día que puedan ayudarnos a cuestionar las bases rígidas de un canon literario que, según parece, no admite posiciones alternativas al discurso hegemónico. En este sentido, parte del deber de la crítica literaria es realizar análisis de textos y de discursos que puedan servir de testimonio de los éxitos o fracasos de cada época. Es posible que el proceso interpretativo produzca conclusiones inmanentes, pero éstas también son válidas para guiar e inspirar futuras investigaciones documentales y comentarios de texto. Volviendo al caso, ¿el entorno histórico de *El caballero dama* se presta a una lectura tan amplia?

Bajo el reinado de Felipe III, durante las primeras dos décadas del siglo XVII, Sevilla se enriqueció a través del comercio exterior (Elliott 1986, 20). Durante las próximas dos décadas, el comercio sevillano sufrió un fuerte descenso. En parte, la Flota de Indias llegaba con cada vez menos plata (y en 1638 simplemente no llegó), pero la mayor parte de la culpa se debe a la política fiscal del gobierno de Felipe IV. Varias decisiones reales tuvieron un impacto negativo en la economía de Sevilla y crearon descontento: la interdicción de comercio con Holanda en 1621 (Elliott 78); aumentos de impuestos, como el impuesto sobre la sal en 1631 (Elliott 439); y el cambio obligatorio de vellón (moneda de cobre) por plata en 1636 (Elliott 519). La agitación fue peor en otros reinos de la península ibérica. En 1637 hubo una rebelión en Portugal, y el valido del rey—el conde-duque de Olivares—ya dudaba de la lealtad de Cataluña en la campaña contra Francia (Elliott 527). Como se sabe, 1640 fue el comienzo de una larga pesadilla para la Corona. Los segadores catalanes asesinaron al virrey en 1640, los nobles portugueses instalaron a un nuevo rey de Portugal en 1641, y según parece se descubrió un complot semejante entre varios nobles andaluces, también en 1641. La aparición de *El caballero dama* hacia 1638 coincide con este periodo de inquietudes en España. El dramaturgo sevillano Monroy y Silva critica la situación en que se encuentra el Imperio por construir una historia alternativa en la cual España es—y siempre ha sido—colonia de otro imperio. Ahora bien, ¿la obra resulta ser subversiva, o es simple sátira del monarca y su favorito?

Lola Luna se destaca como excelente representante de los críticos e historiadores literarios que van a contracorriente del hispanismo tradicional, y su aplicación del feminismo a las letras hispánicas nos sigue sirviendo de modelo a muchos investigadores. En 1993, el mismo año en que Feros publicó su artículo sobre "el drama del Rey," Luna sacó una bella edición crítica de *Valor, agravio y mujer* de Ana Caro, dramaturga contemporánea de Cristóbal de Monroy y Silva. En la introducción a la edición, Luna describe las primeras décadas del siglo XVII y el Barroco de la siguiente manera:

> Una época de España calificada generalmente por un adjetivo de habla: "época de crisis." De crisis estructural, política y militar, económica y moral, que irá mermando los recursos humanos y económicos de la

> Península en el plan para pacificar y someter los territorios ocupados del Imperio de los Austrias. En estos años de crisis de gobierno de la monarquía imperial de Felipe IV, con 1642 como fecha que marca la caída del poderoso valido Conde Duque de Olivares, años éstos en que las letras se convierten en arma arrojadiza de y contra el poder, desempeña su oficio de escritora una dama de nombre Ana Caro. (9)

La postura crítica de Luna está muy alejada de una interpretación tradicionalmente monolítica de la comedia porque nos permite hacer lecturas alternativas. Si consideramos que las letras en el siglo XVII pueden convertirse "en arma arrojadiza de y contra el poder," los versos de Monroy y Silva en *El caballero dama* adquieren un doble filo. No es posible saber si el propósito del joven poeta fue escribir una sátira de costumbres o si simplemente se extralimitó. No me atrevo a hacer declaraciones sobre las intenciones que encierran sus palabras. Sin embargo, fuera Monroy brillante o torpe en la redacción de *El caballero dama*, hay un tono subversivo que proviene de la exploración de asuntos genérico-sexuales en la obra que también encaja bien con el momento histórico.

Si teorizamos, siguiendo a Butler (1990) sobre el significado de la superficie del cuerpo, la presencia del travesti en la corte española del rey Licomedes revela que la construcción de una identidad de género—masculina, femenina u otra—depende más de las inscripciones en el cuerpo que del sexo anatómico. En lo que hace a la identificación de los individuos como personas de identidad masculina o femenina, la selección de prendas se convierte en un signo imprescindible para la representación de diferencias de género. Como el héroe titular tiene éxito en su pasaje de hombre a mujer y de mujer a hombre, la división binaria social tradicional hombre/mujer deviene inestable, es decir, la masculinidad y la feminidad dejan de ser categorías absolutas o esencialmente opuestas. Al contrario de lo que dicen los moralistas de la época de Monroy (y algunos de hoy), el sexo biológico no es siempre necesario para construir una identidad masculina o femenina.[4]

El tema central de *El caballero dama* es el deseo que sienten unos cortesanos en presencia del joven Aquiles vestido de mujer. La ambigüedad genérica resulta en una crisis de identidad sufrida por el caballero-dama (o de la dama-caballero), y esta crisis se extiende a los protagonistas que lo/la desean. Aquiles seduce, pero también es seducido/a y, en este contexto, la obra de

4 Para el concepto de "sistema sexo/género," véase Rubin (1975). Para el concepto de "performatividad de género," véase Butler (1990). Para una aplicación de estos conceptos a *El caballero dama*, véase mis publicaciones en 1995 y 2003 (185-232).

Monroy tiene elementos en común tanto con otros subgéneros dramáticos contemporáneos (comedia de enredos, de costumbres, de capa y espada, de figurón) como con la comedia mitológica. Los malentendidos amorosos entre los seres humanos acaban con una boda feliz, no con la intervención de los dioses. Por otra parte, las burlas del criado de Aquiles se entretejen con las aventuras de su amo/ama travesti.

El dinamismo de *El caballero dama* se basa en su hibridez genérica (tanto masculina-femenina como literaria). Aunque el argumento cómico de *El caballero dama* retoma el mito de Aquiles en Esciro, al dramaturgo también le sirven de provecho otros subgéneros dramáticos y otras tramas célebres de su época. Por ejemplo, la obra de Monroy tiene algunos paralelos humorísticos con *La vida es sueño* de Calderón de la Barca (1635). Las primeras escenas de ambas obras, por ejemplo, toman lugar en una sierra. Mientras Rosaura (vestido de hombre) camina por las montañas de Polonia con el gracioso Clarín, Aquiles (que, según las acotaciones de Monroy, "*lo ha de hacer una mujer con nombre fingido de Aurora*") recorre los montes cerca de Mérida en compañía del gracioso Pulgón. Aunque el título de *El caballero dama* nos hace pensar en una posible parodia del subgénero caballeresco, en realidad la obra de nuestro dramaturgo sevillano tiene mucho más que ver con otro subgénero: la comedia palatina, a la cual pertenece el famoso drama calderoniano.

Según Felipe Pedraza Jiménez, "[l]as comedias palatinas crean una sensación de lejanía, de incontingencia, un mundo apartado donde príncipes y caballeros, damas y princesas juegan al juego del amor. Es un universo de regusto rococó, delicadamente artificioso, sutil, refinado" (2000, 208). Otra característica es el marco "extranjero" de la trama. Según Miguel Zugasti, "la comedia palatina busca espacios dramáticos cuya marca principal consiste en estar fuera de Castilla: pueden ser Portugal, Cataluña, Aragón, Navarra, Galicia..., o cortes extranjeras localizadas en Nápoles, Ferrara, Bretaña, Flandes, Bohemia, Hungría..." (2017, 5). Algunos estudios recientes expanden la definición del subgénero palatino para incluir temas serios como el de *La vida es sueño* (Zugasti) o de otras obras calderonianas (Sáez 2017). No obstante es importante recordar que Monroy y Silva tenía fama de ser partidario de Lope de Vega, y *El caballero dama* resulta ser, entre muchas cosas, parodia de las obras palatinas más graves del rival de Lope, Calderón de la Barca.

En contraste con el entorno rústico montañés al comienzo de *El caballero dama*, la siguiente escena toma lugar en los jardines del palacio del rey Licomedes. El duque Segismundo—favorito del rey—recita un soliloquio amoroso. Es probable que el público español de la época identificara el Segismundo de Monroy con el famoso héroe calderoniano del mismo nombre, o sea, el príncipe ficticio de Polonia que vivió encarcelado a lo largo de su juventud.[5] Mientras el Segismundo de *La vida es sueño* es serio y filosófico, su homólogo en *El caballero dama* es cómico (sin querer) e inepto. Su amada, la infanta Deidomia, lo describe de la siguiente manera:

> [Y]ermo inmortal, cuya cerviz ufana
> ignora huella humana,
> porque tan alto subes
> que en ti se acuestan las cansadas nubes
> cuyos claros cristales son espejos,
> donde compone el cielo sus reflejos. (vv. 239–44)

Los versos barrocos de Deidomia indican que su querido—como el Segismundo de *La vida es sueño*—permanece virgen ("yermo inmortal, cuya cerviz ufana / ignora huella humana"). Es alto y derecho ("porque tan alto subes / que en ti se acuestan las cansadas nubes"). El amado también lleva gafas o anteojos ("cuyos claros cristales son espejos"). Por lo visto, Segismundo es intelectual y de noble comportamiento, reflejando la alteza o la sublimidad del cielo, no la bajeza ("donde compone el cielo sus reflejos"). Sin embargo, no es hombre de acción. En breves instantes, la infanta y el duque se encuentran en el jardín pero los versos de Segismundo sugieren que él es el tipo de amante que prefiere hacer sus declaraciones de amor por escrito: "[...D]e un papel / sabrás mi pena cruel" (vv. 274–75).

Desde el primer momento de su llegada a la corte, Aquiles-Aurora altera las vidas de todos los personajes. El rey y la infanta están locamente enamorados del caballero-dama. Además, como si fuera poco perder el amor de la infanta, el pobre Segismundo también tiene que aguantar el discurso enigmático del criado de Aquiles-Aurora, el gracioso Pulgón:

> SEGISMUNDO Pues ¿cómo se resistió
> del rey fingiendo ser hombre?
> PULGÓN No sé por qué con el nombre
> de Aquiles se disfrazó.
> SEGISMUNDO Y en duda tan exquisita,
> ¿por qué le juzgas, Pulgón?

5 También había otros Segismundos de carne y hueso: "[E]n Polonia reinaba desde hacía décadas Segismundo III Vasa (1587-1632), casado con Ana de Habsburgo, que a la sazón era tía materna de Felipe IV. A este rey le sucedió Ladislao Segismundo IV Vasa (1632-1648), primo hermano de Felipe IV" (Zugasti 6).

PULGÓN Unas veces por capón
y otras por hermafrodita.
SEGISMUNDO Luego ni es mujer perfecta,
ni hombre con libertad.
PULGÓN Si he de decir la verdad,
no le he visto la bragueta;
mas en tan dudoso encuentro,
siempre el alma considera,
que es Aurora por de fuera,
y es Aquiles por de dentro.
SEGISMUNDO Luego, ¿hay cautela y doblez?
PULGÓN Yo no lo sé, mas sospecho
que es Aquiles del derecho
y es Aurora del revés.
SEGISMUNDO Pues no puedo averiguar
mi temor, a dios te queda;
en pie mi duda se queda
porque me acabe el pesar. (vv. 1885-1908)

Monroy y Silva se burla de un Segismundo incapaz de descifrar el mundo que le rodea o, mejor dicho, el nuevo mundo de ambigüedades genéricas-sexuales que Aquiles-Aurora y Pulgón han creado. En este sentido, *El caballero dama* parodia *La vida es sueño* y las características que comparte con la comedia palatina. Por lo tanto habrá que seguir investigando la irreverencia de Monroy por la obra calderoniana para averiguar si también está satirizando a otros personajes u otros temas de su época como el mal gobierno. Es decir, ¿la lascivia del rey Licomedes corresponde a la del rey Felipe IV? ¿La ineficacia del duque Segismundo (primo y valido de Licomedes) alude a la del conde-duque de Olivares? Desde este punto de vista, parece que el dramaturgo toma bastante en serio la comedia palatina como subgénero.

De hecho, Monroy hace homenaje a otra comedia palatina, *La prueba de los ingenios* de Lope de Vega (1617), cuyo experimento con una figura "hermafrodita" le permite a Monroy abrir una gran puerta al deseo homoerótico que las bodas al final de la obra no pueden cerrar. El rey y la infanta de *El caballero dama* se sienten atraídos al mismo cuerpo de orientación genérica-sexual ambigua. Como los protagonistas de *La prueba de los ingenios*, declaman versos basados en algunos de los mismos personajes y mitos de la antigüedad. Por su parte, el rey Licomedes piensa en las transformaciones o transmutaciones de cuerpos mitológicos y se compara con ellos para justificar su lascivia, la realización violenta de su deseo, y un amor no correspondido por Aquiles-Aurora:

> ...que no igualan mis finezas
> aquellos del amor monstruos:
> Acteón trocado en ciervo;
> mudado en león Apolo;
> vuelto Neptuno en delfín;
> Júpiter mentido en toro;
> Progne disfrazada en ave;
> Saturno en caballo airoso;
> Cadmo en sierpe; en flor Adonis;
> y Niobe en mármol tosco. (vv. 859-68)

En contraste con su hermano que idealiza a "aquellos monstruos del amor," la infanta Deidomia—como mujer protofeminista—explora sus sentimientos de manera activa, recordando algunos casos mitológicos de amores poco convencionales, el objeto de su deseo, y su propia agencia en la relación amorosa que comparte con Aquiles-Aurora:

> ¿Quién duda que esto es amor?
> ¿No ha habido quien amó a un jaspe?
> ¿A un bruto no amó Pasife?
> ¿Y Europa a un toro arrogante?
> ¿Pues, qué mucho que yo quiera
> a un sujeto tan amable? (1343-48)

Feminismo, homoerotismo, hermafroditismo, monstruosidad... Gracias a las investigaciones de varios investigadores talentosos como Sharon Voros (1996), Louise Fothergill-Payne (2000) y Julio González Ruiz (2004, 2009) sobre *La prueba de los ingenios*, tenemos excelentes modelos para el estudio de obras como *El caballero dama* que van contra la costumbre.[6]

Por mi parte hoy mantengo y siempre he mantenido que el discurso de algunas comedias travestis como *El caballero dama* socava las bases patriarcales de la temprana edad moderna. Aunque al final de estas obras se intenta restablecer el orden social (típicamente a través de la celebración de varias

6 En contraste, el estudio de Marcella Salvi (2017) se revierte a una conclusión tradicionalista pensando en los intentos de Lope de Vega de avanzar su carrera dentro del mundo promonárquico.

bodas), la subversión de las categorías tradicionales que se ha representado a lo largo de estas obras nunca desaparece de todo. El cuerpo travesti sigue teniendo el poder de romper los patrones genérico-sexuales convencionales.

Ahora bien, lo que sigue es una sinopsis detallada de la trama. Luego analizaré la importancia del espacio, el vestuario y otros elementos de la puesta en escena de *El caballero dama*. De esta manera, espero subrayar la inestabilidad histórico-cultural en la que se encuentran los diversos personajes para facilitar los estudios de futuros investigadores que tengan interés en lo que textos como la comedia de Monroy y Silva tienen que decir a favor o en contra del poder.

RESUMEN DE LA TRAMA

El argumento cómico, que culmina con Aquiles descubierto entre las damas de la corte del rey Licomedes, se desarrolla en el siguiente orden escénico:

JORNADA I

La obra comienza cerca de Mérida con un hombre anciano y un criado llamando a Aquiles, mientras el valiente joven—de cabello largo y sin barba—caza animales salvajes. El adolescente desciende del monte y el viejo Policarpo, su tío abuelo, le informa que hay guerra entre Grecia y Troya y que su madre, la diosa Tetis, quiere que se vista de dama y que se esconda en el palacio del rey Licomedes y su hermana Deidomia en España.[7] Policarpo parte para Troya, y Aquiles y su criado (Pulgón) se marchan para el palacio en España. La siguiente escena tiene lugar en el jardín del real alcázar de la infanta, donde el duque Segismundo y la infanta Deidomia se declaran su amor. Luego el rey Licomedes se reúne con ellos y, en breves instantes, todos oyen los gritos de una mujer. Aquiles—ahora vestido de dama con el nombre de Aurora—se presenta y narra una larga historia acerca de su viaje de Grecia a España, que acabó con la muerte de su esposo ficticio en las puertas de la ciudad.[8] La infanta y sus damas acompañan a la bellísima viuda a sus aposentos, y el rey ordena al duque Segismundo que escriba una carta de amor de su parte a Aurora, pero la misiva no lleva la firma del monarca. Después, el rey ordena a Pulgón que le lleve la carta a Aurora. Pistolete, criado del rey, siente gran envidia por la presencia de un rival y por los favores que su señor le ha otorgado a Pulgón, e intenta robarle la carta. El rey descubre la ofensa de Pistolete y

7 En la obra de Monroy y Silva, Deidomia (con "o"), quien habitualmente se llama Deidamia o Deidamía (con "a"), es hermana en vez de hija de Licomedes.

8 El nombre del marido ficticio de Aurora también coincide con el del duque Segismundo, primo del rey y amante de la infanta.

lo expulsa del palacio. Al final, Pulgón nos revela que le va a hacer un par de burlas al tonto de Pistolete en venganza por su ofensa.

Jornada II

Aurora y la infanta Deidomia se encuentran en los jardines del alcázar. Deidomia revela que siente celos de su hermano, el rey Licomedes, por el interés que le ha mostrado a Aurora. En un aparte, descubrimos que Aquiles (Aurora) está enamorado de Deidomia. Cuando Aurora le enseña la carta de amor que acaba de recibir del rey, la infanta reconoce la letra de su amante, el duque Segismundo y, como la carta no lleva firma, se siente traicionada y decide romper con él. Luego, el rey le confiesa a Aurora que está locamente enamorado de ella. Intenta abrazarla por la fuerza, y Aurora se defiende con la espada del mismo monarca.

Después, en los jardines donde Pulgón intentó interrumpir el desencuentro entre su amo y el rey, el criado prepara una trampa para Pistolete. Pulgón permite que el antiguo criado del rey descubra una carta de una amante (fingida) suya, en la cual ésta le invita a pasar la noche con ella. Según las instrucciones de "Laura," si quiere llegar a su cuarto en el palacio sin que el rey lo vea, el portador de la carta tiene que llevar una gran piedra hechizada que le volverá invisible. En el momento en el que el rey, la infanta, el duque y Aurora lamentan sus desamores, Pistolete llega con una "peña" o piedra enorme que, por supuesto, no le vuelve invisible, y el rey casi lo mata.

Poco después, el soberano le cuenta al duque que su pasión es tal, que está dispuesto a gozar de Aurora sin su consentimiento. Al final de la jornada, ya de noche, Aurora y la infanta se encuentran en los aposentos reales. La infanta Deidomia le ordena a Aurora que se vista de hombre y que finja ser su amante. Durante su breve ausencia, mientras Aurora se cambia de ropa, la infanta pronuncia un soliloquio en el cual se pregunta por qué se siente tan atraída por otra mujer. Cuando regresa Aurora vestida de galán, la infanta le manda que la galantee, lo cual él/ella hace "de muy buena gana" (v. 1407). Mientras desempeña el papel de galán, el caballero dama intenta convencerle de que, en realidad, es hombre y se llama Aquiles. En ese mismo momento, llegan el duque y unos criados, apagan las luces, y se llevan a Aurora del alcázar de la infanta.

Jornada III

Aquiles se encuentra solo en la oscuridad, "*atadas atrás las manos, y vendados los ojos*" (v. 1513+). Está determinado a seguir desempeñando el papel de Aurora para consumar su amor con la infanta. Cuando el rey se encuentra con él/ella,

Aurora sigue "disfrazada" de galán (v. 1614), y le convence de que le desate las manos y le quite la venda de los ojos. Inmediatamente, Aurora saca la espada (que llevaba como elemento de su traje de galán). Mientras embiste, le advierte al rey que no es mujer y que se llama Aquiles, pero, en ese mismo instante, llegan la infanta y sus criados en busca de Aurora. La infanta se enfrenta con el rey y le explica que Aurora está vestida de hombre porque sus damas ensayaban "una comedia" (v. 1771).

Poco después, el duque Segismundo anuncia la llegada de un barco griego al puerto de la ciudad. A continuación, se reúne con Pulgón para averiguar quién es su señora. El sagaz criado emplea varios juegos de palabras vinculados con la identidad de su amo/ama, y el duque se marcha sin resolver el enigma. Pulgón se prepara para hacer otra burla. Se viste de mujer y espera la visita de Pistolete, que quiere acostarse con "Laura" para ponerle los cuernos a Pulgón. Como todavía es de madrugada, Pistolete no lo/la ve bien en la oscuridad del cuarto, y Pulgón-Laura le convence de que se desnude y se lave la cara con agua olorosa, en la cual acaba de echar tinta. Pulgón-Laura empieza a gritar, se encienden las luces y sale el rey.

Esta vez, Pulgón y Pistolete (con la cara manchada) hacen las paces, y prometen ser amigos para siempre. Los criados se marchan y solamente queda el rey, lamentando su amor no correspondido en la aurora de un nuevo día. El duque Segismundo le lleva la noticia de que Ulises está llegando al palacio, y los dos se van a recibir al héroe griego. Luego, Aquiles, vestido de dama, comparte un secreto con su criado: esa misma noche durmió con la infanta. Cuando Deidomia se acerca a él, Aquiles la llama "esposa" (v. 2121).

La conclusión de la tercera jornada (y de la obra entera) tiene unos 190 versos en total, y coincide con otras representaciones del mito de Aquiles descubierto por Ulises entre las damas de la corte del rey Licomedes. Un criado anuncia la llegada del rey de Ítaca, y Aquiles-Aurora se siente sorprendido/a y nervioso/a por su presencia. Ulises pronuncia un discurso en el que explica que se encuentra en España para buscar a Aquiles porque, según Apolo, el joven es el único que puede matar a Héctor en la guerra con Troya.

A la infanta y sus damas les ofrece un gran surtido de regalos. La infanta escoge un anillo; una dama toma una banda bordada de perlas; otra dama elige una cadena. En cambio, Aquiles-Aurora se contenta con un arco y una flecha, que dispara con mucha habilidad. La estratagema funcionó. Ulises declara que el personaje vestido de mujer es Aquiles. El joven héroe, conforme con el resultado, se quita las prendas de mujer y "*queda en traje de hombre*" (v. 2248+). Sabiendo que los cortesanos no estarán contentos con esta noticia, le quita la espada a Pulgón y "[*e*]*mbiste con todos*" (v. 2262+).

El rey Licomedes también saca su espada, pero la infanta interviene, confesándole a su hermano que Aquiles ya es su "esposo" (v. 2277). Por su parte, Aquiles advierte que no ha habido traición alguna porque él es el igual de Licomedes "en sangre y prendas" (2300). El rey proclama que se celebre la boda y se festeje esa misma noche, y promete a Aquiles que mandará ocho mil hombres a la guerra contra Troya. Al final, el rey le pide perdón al público, y anuncia que el poeta está escribiendo otra comedia sobre "el cerco de Troya" (v. 2329).

Elementos de la escenificación

Para realizar cualquier interpretación de esta comedia travesti de Cristóbal de Monroy y Silva, es imprescindible llevar a cabo un análisis detallado de la escenificación de *El caballero dama* (esto es, el espacio físico donde se representó, las escenas interiores y exteriores, la utilería, el decorado, el vestuario, los actores). Primero, hemos de considerar el marco histórico, los personajes y la posibilidad de que el dramaturgo escribiera esta comedia con un teatro y una ciudad específicos en mente. Segundo, es necesario analizar la escenografía de manera general, es decir, explorar las opciones escenográficas que Monroy *no* elige para comprender mejor las que *sí* utiliza, porque reflejan el entorno histórico-cultural. Finalmente, volvamos al contexto geográfico y al momento histórico en los que vivía Monroy para formular algunas conclusiones.

A diferencia de las versiones del mito del Aquiles travesti escritas por sus contemporáneos Tirso de Molina y Calderón de la Barca, la obra de Monroy transcurre en España. No obstante, Monroy establece un marco teatral que también nos desorienta en términos temporo-espaciales. El argumento se desarrolla en una península ibérica que a veces pertenece al mundo clásico (por el contexto imperial) y otras veces al medieval-legendario (por el contexto caballeresco). Los habitantes viven claramente en una provincia de un imperio mediterráneo cuya metrópoli se encuentra en Grecia. Entonces, ¿por qué y para qué decidió Monroy situar la corte del rey Licomedes tan lejos de la isla griega de Esciro?

Como se ha mencionado con anterioridad, las comedias de Monroy y Silva encontraban salida en el mercado teatral de Sevilla. Aunque no hay datos sobre representaciones específicas de *El caballero dama*, los investigadores del equipo de Lola Vargas-Zúñiga creen que una compañía la estrenó en la capital hispalense (2005, 98). Todavía no se sabe con exactitud dónde se representó, aunque el texto mismo de la comedia sugiere que Monroy quería que el espectáculo se llevara a las tablas del Corral de Comedias de la Montería, cuyas puertas se abrieron en la primavera de 1626. El lujoso teatro fue construido en el Patio de la Montería (ahora el Patio del León) del Alcázar de Sevilla, bajo la alcaidía de Gaspar de Guzmán, conde-duque de Olivares y favorito de Felipe IV.[9]

En la segunda escena de la primera jornada, encontramos un oportuno comentario de tipo metateatral cuando el duque Segismundo dirige los siguientes versos a su amada ausente: "[B]ello teatro, a quien el sol ardiente / corona las almenas de tu frente; / alcázar soberano, / de una deidad divina, albergue humano [...]" (vv. 215–22). En un nivel interpretativo, los versos barrocos de Segismundo forman parte de un canto de amor a la infanta Deidomia. El cuerpo de la amada es como una fortaleza o castillo; como es infanta, lleva corona y, según la metáfora, es como si tuviera almenas en la frente. No obstante, en otro nivel interpretativo, el actor también describe el espacio donde declama sus versos, que está junto a la muralla de un alcázar de verdad o delante de un bastidor con la imagen de una fortaleza.

El Alcázar (o los Reales Alcázares) de Sevilla es un conglomerado de palacios dentro de la misma muralla. En *El caballero dama*, los personajes definen "alcázar" como la fortaleza palaciega donde los reyes de España "guardan" a las mujeres de la familia real. Según Policarpo (tío abuelo y tutor del joven Aquiles),

> Es costumbre introducida
> en los monarcas, que asisten
> hoy en España, guardar
> en un alcázar sublime
> sus hijas, hasta casarlas,
> donde otras damas las sirven
> retiradas del peligro,
> con que en las cortes se vive. (vv. 111–18)

Todos los usos posteriores del vocablo en esta comedia son referencias a la residencia específica de la infanta Deidomia, o a su cuerpo (vv. 119, 217, 569, 1756). Cabe notar el empleo aún más frecuente de la palabra "Palacio" (o "palacio" porque he modernizado su puntuación para esta edición). El conjunto de viviendas del rey Licomedes se llama así (sin artículo definido ni indefinido y, típicamente, con "P" mayúscula), y en él se encuentra la fortaleza palaciega de su hermana Deidomia. Aunque los dos viven en "Palacio," el palacio

9 Daniel Pineda Novo recopiló fuentes bibliográficas para el estudio del Corral de la Montería (2000).

de la infanta no es el mismo que el que habita el rey (vv. 142, 270, 1493, 1495, 1649, 1719, 2265). Además, hacia el final de la obra, la metáfora fortaleza/cuerpo se emplea otra vez cuando Licomedes acusa a Aquiles de haber "profanado / [el] alcázar" de la infanta (vv. 1755–56).

Haya sido el Corral de Comedias de la Montería u otro teatro donde se estrenó esta obra de fuentes mitológicas, Policarpo es el primero en describir el entorno geográfico a Aquiles (y a nosotros). Según las palabras del viejo, el rey Peles, padre de Aquiles, "Mandome que te trajera / a España, a quien como viste, / nuestra nación soberana / señorea, manda, y rige" (vv. 106–10). Como hemos leído con anterioridad, Policarpo describe a los líderes de los pequeños estados satélites de Grecia como "monarcas, que asisten" (v. 112). Por otra parte, dentro del contexto colonial que ha establecido, Monroy no cambia el nombre de Licomedes, y es probable que un público español de su época lo reconociera más como virrey forastero que como rey natural de la península ibérica.

Policarpo le ofrece otros datos a Aquiles para que el joven se ubique: "Estas montañas que huellas / son de Europa los confines; / esta es Lusitania, aquella / Mérida, ciudad insigne" (vv. 133–36). Éstas son las únicas referencias directas a Lusitania (provincia romana al oeste de la península ibérica que hoy corresponde a los territorios de Portugal y Extremadura) y a Mérida (capital de la provincia romana de Lusitania). Cuando los personajes hablan de la península ibérica, casi siempre la llaman "España" (vv. 108, 113, 439, 1458, 2181), lo cual habría tenido sentido durante las primeras décadas del siglo XVII porque la Casa de Austria todavía reinaba en España y Portugal.

Además, la presencia imprescindible de Ulises en el desenlace de *El caballero dama* es otro recordatorio, esta vez indirecto, de la unión de las coronas de Castilla, Aragón y Portugal. Al héroe de la *Odisea* se le considera fundador legendario de Lisboa, y los vínculos entre Sevilla y Portugal eran muy íntimos en esa época. Entre los autores de los siglos XVI y XVII que reprodujeron este mito, tenemos a Luís de Camões, Frei Bernardo de Brito, Jorge Ferreira de Vasconcelos, Gabriel Pereira de Castro y António de Sousa de Macedo.

En primera instancia, la ubicación de la trama en la "ciudad insigne" de Mérida contradice mi hipótesis de que el argumento de *El caballero dama* se haya inspirado en la urbe sevillana (o que la represente literalmente). Sin embargo, aparte de las posibles referencias al Alcázar de Sevilla, el dramaturgo ofrece otros detalles que nos hacen recordar a Hispalis (Sevilla) más que a Emerita Augusta (Mérida). Las dos antiguas ciudades de origen romano tienen ríos: el Guadalquivir y el Guadiana, respectivamente. Sin embargo, todos los barcos—tanto la nave ficticia de Aurora-Aquiles como el bajel verdadero de Ulises—llegan al puerto de la ciudad por mar. En la primera jornada, Aurora-Aquiles le cuenta al rey Licomedes: "Pasamos diversos puertos / hasta mirar las almenas / de tu ciudad invencible; / desembarcamos en ella" (vv. 487–90).

En la tercera jornada, por otra parte, el duque Segismundo describe la llegada de Ulises de la siguiente manera:

> En un bajel (que en el mar
> lunar del aire parece,
> zozobrando temeroso
> entre vuelcos y vaivenes)
> llegó un griego al puerto, y de él
> dicen, que a la corte viene. (vv. 1785–90)

A pesar de que las dos ciudades están en el interior de la península, Sevilla tiene puerto con acceso al mar. La ciudad de Mérida tiene puente, acueducto y anfiteatro romanos, pero no es—y nunca ha sido—puerto marítimo. Además, para la generación del conde-duque de Olivares, Sevilla todavía merecía el apodo de "Nueva Roma" por el monopolio comercial que había mantenido con América desde el siglo XVI (Elliott 1986, 20). A más del recorrido en verso de las rivalidades entre capitales de provincia ibéricas, Monroy nos informa que Aquiles y su criado Pulgón nacieron en Grecia (vv. 322, 588).

En suma, sin contar todas las referencias helénicas de diversos tipos, en la obra hay veintidós usos directos de los vocablos "Grecia" y "griego/a/os/as," por lo cual podemos concluir que el dramaturgo quiere recordarnos que la trama no es autóctona y que los protagonistas no son españoles. La razón puede ser sencilla. Para evitar la censura, era habitual entre los dramaturgos españoles atribuir actividades pecaminosas a los extranjeros y, para facilitar la representación de sus obras y evitar controversias, los crímenes de los pecadores muchas veces sucedían fuera de la península ibérica. Por eso, Monroy se crea posibles problemas con los moralistas al trasladar el mito del Aquiles travestido de la Grecia clásica a España.

Para asegurar que los griegos Aquiles y Pulgón mantengan los papeles de héroes legítimos de la trama (y que el público se identifique con ellos como si aquél fuera un valiente caballero y éste su fiel escudero), Monroy inventa un contrapunto, también de origen mediterráneo. Cuando el rey Licomedes intenta violar a Aquiles (Aurora vestida de hombre), Pulgón se dirige al público en dos apartes. Primero lo llama "rey italiano" y después "rey puto" (vv. 983, 989). Durante el siglo XVII, el contacto sexual entre dos hombres se consideraba pecado y, para los españoles xenófobos, los italianos representaban un grupo especialmente libidinoso. Por eso, Pulgón acusa al rey de ser "italiano," provocando la risa y señalando al público (y a los censores) que los españoles son moralmente superiores. Sólo los extranjeros hacen semejantes cosas.

Poco después, de manera más directa, Pulgón acusa al rey de ser un sodomita, aunque el vocablo se consideraba vulgar. Covarrubias incluye la palabra "puto" en su diccionario, pero no se atreve a definirla en castellano. Al contrario, emplea una referencia indirecta en Latín: "*Notae significationis et nefandae*" (Covarrubias 842). La sodomía era un pecado "nefando" de tal monstruosidad, que algunos ni siquiera podían nombrarlo.

Monroy logra situar una farsa sexual travesti dentro de España sin que la península ibérica representada en su obra sea el núcleo del poder político y religioso del Imperio español del siglo XVII.[10] En *El caballero dama*, el dramaturgo nos recuerda que España fue colonia de una gran metrópoli que dominó su historia durante muchos siglos: Italia. Dentro de este contexto, Pulgón se hace la siguiente pregunta:

> Notable cosa será
> ver trocado en dama a Aquiles;
> estamos aquí en Italia
> que, porque un hombre se libre
> de los peligros tal vez,
> ¿mujer le importa fingirse? (vv. 169–74)

A primera vista, "Italia" es utilizada como metonimia para hablar del Imperio romano. En otras palabras, el gracioso orienta a los espectadores para que sepan que la península ibérica está bajo el control de Roma y, por lo tanto, el comportamiento moral no es el que se espera de los españoles del siglo XVII. Si bien, como dije anteriormente, los dramaturgos habitualmente atribuían la lascivia u otros pecados (en este caso, el travestismo) a los extranjeros, especialmente a los italianos, aquí hay una doble metonimia. La España de *El caballero dama* es una extensión de la Magna Grecia, es decir, de las colonias griegas de Sicilia y del sur de la península itálica, que precedieron largamente al Imperio romano. Es como si la expansión imperial de Grecia por el Medi-

10 Muchas comedias palatinas se ubican en Italia. A veces es por razones estéticas. Según Wolfram Aichinger, "Para desplegar sus jardines, fuentes y enredos amorosos, la comedia palatina precisa de lugares alejados del trajín y de la suciedad de Madrid. Con razón, la crítica ha apuntado ese exotismo y aura de lejanía como rasgos del género" (2015, 16).

terráneo hubiera seguido su marcha sin haber sido eclipsada por Roma. De hecho, nunca se habla de "Roma" a lo largo de la comedia. En la imaginación de sus lectores y espectadores, se trata de una metrópoli fantasmagórica, porque, según la trama de la obra, la sede imperial se halla explícitamente en Atenas y Grecia (vv. 2160, 2294).

Monroy da otros pasos para proteger su comedia sexual travesti de posibles ataques morales. El gran enemigo de Grecia y España en *El caballero dama* se encuentra casi en el mismo lugar del Mediterráneo que habitaba el gran rival del Imperio español en el siglo XVII: Anatolia (Turquía). Su metrópoli, Troya, se cita como antagonista diez veces a lo largo de la comedia. El gran Otro—al cual Aquiles, Licomedes y los espectadores españoles identifican como enemigo—es troyano o turco. Por otra parte, los dioses grecorromanos guían a los partidarios griegos. Por lo tanto, se invoca el nombre de Júpiter seis veces, y hay múltiples referencias a otros dioses y personajes clásicos. En cambio, los protagonistas no tienden a hacer referencias directas a Cristo ni a Mahoma (tampoco al catolicismo o al islam).[11] Los personajes se visten de galán y dama, pero los versos se visten de prendas léxicas grecorromanas fáciles de reconocer en el Barroco, y no se las deja caer. Es decir, esta comedia de enredos se disfraza de drama mitológico. De esta manera, Monroy intenta resguardarse. En este sentido, no le venía mal a nuestro dramaturgo ser reconocido como autor de muchas obras devotas.

En cuanto a su escenificación, a veces *El caballero dama* depende más de los espacios mentados, al estilo de Lope de Vega, que de los escenarios elaborados con grandes tramoyas al estilo de Calderón, que se pusieron de moda durante el reinado de Felipe IV y que se encuentran también en otras obras de Monroy. Es evidente, por la diversidad de recursos dramáticos en *No hay más saber que saberse salvar*, por ejemplo, que la producción de esta comedia de santos gozó de un presupuesto amplio. Por eso, quizás, Ruano de la Haza piensa que esta obra de Monroy fue "escrita para ser representada en uno los teatros de Sevilla" (v. 482), cuyas cofradías tenían fondos para espectáculos resplandecientes.

Para Ruano de la Haza, *No hay más saber que saberse salvar* se destaca por su empleo de maquinaria: un escotillón para que desaparezcan personas o cosas del escenario (v. 466), dos pescantes para que vuelen cuatro personajes (v. 475), una tramoya para que se mueva un barco (vv. 482–83) y un bofetón

11 Pulgón constituye la única excepción importante a la falta de referencias a la religión cristiana. El gracioso describe su viaje en barco diciendo que las aguas del Mediterráneo hervían tanto que "[...] quedó el mar / hecho una venta en cuaresma" (vv. 545–46).

para que aparezcan súbitamente un crucifijo y un altar donde antes había un balcón (v. 486). Asimismo, a diferencia de su estrategia en *El caballero dama*, Monroy también emplea aquí un gran número de elementos de utilería y otros efectos especiales. Ruano de la Haza utiliza como ejemplos la multitud de objetos tangibles que el gracioso saca de sus alforjas (v. 328) y el león (un actor disfrazado), que amenaza a los personajes en el escenario (vv. 477, 507).

Como Monroy no pretende presentar milagros ni intervenciones divinas en *El caballero dama*, los eventos representados y su escenificación son mucho más cotidianos. En la tercera jornada, cuando el duque Segismundo anuncia la llegada de Ulises, dice que a éste lo sigue un gran desfile de animales salvajes que nunca vemos (vv. 2025–69). Luego, durante el clímax de la obra, Ulises recita una larga lista de objetos extravagantes—ubicados en "aquese cuarto," fuera del escenario—e invita a la infanta Deidomia y sus damas a que entren para elegir regalos (vv. 2189–2204). Además, después de salir Aquiles-Aurora del cuarto con su regalo de caza o de guerra, "[*p*]*one una flecha en el arco, y apunta*," pero la "[*d*]*ispara adentro*," sin que el público vea el resultado (v. 2232-33+). Esto es, los personajes de *El caballero dama* suelen nombrar los elementos de utilería y narrar las acciones más atrevidas, y los espectadores tienen que valerse de su imaginación para visualizarlos.

A pesar de su inspiración en la mitología, Monroy no retrata el mundo sobrenatural de los dioses en los versos ni en la representación de su obra. Esto no quiere decir que la escenificación sea parca. Según las acotaciones para la primera escena de la primera jornada, "*Ha de haber en el teatro hecho un monte de arrayán*" (v. 1+) desde el cual Aquiles "*viene bajando* [...] *hasta llegar al tablado*" (v. 11+). Como en otras comedias suyas, Monroy emplea acotaciones kinésicas y gestuales detalladas para orientar los movimientos y los humores de los actores.

Además, incluye "paños" (cortinas), detrás de los cuales los graciosos espían, "bufetes" donde los cortesanos escriben cartas, tinta con la cual uno de los graciosos se mancha la cara, hachas encendidas con las cuales algunos personajes iluminan escenas nocturnas, clarines que anuncian la llegada de dignatarios al palacio y cantantes que entretienen a todo el mundo. Los personajes creen en los dioses grecorromanos, y la escenificación de la obra es divertida. No obstante, sus vidas mortales son tremendamente ordinarias en comparación con las vidas fantásticas de los santos cristianos o dioses mitológicos en otras comedias. Las grandes transformaciones milagrosas que se asocian con estos personajes ceden el paso a las asombrosas mudanzas terrestres del travesti.

Hemos de enfatizar que *El caballero dama* es una comedia de enredos española, con sus confusiones sentimentales entre amantes, sus conflictos armados entre galanes (¡y damas!), sus burlas risibles entre graciosos y sus equívocos de identidad entre el/la protagonista y los demás. A pesar de originarse en la mitología grecorromana, esta obra—bastante típica de la comedia española secular—tiene lugar en la península ibérica a fin de acercarla al momento histórico en el que se encontraba España en aquel entonces. Si Monroy hubiera retratado el mundo clásico con un tono serio, no habría incluido anacronismos cómicos en la trama. Por lo tanto, el vestuario—uno de los elementos visuales más estimulantes de la escenificación de *El caballero dama*—corresponde al de las damas y los caballeros de la comedia del siglo XVII, como la "basquiña" que se pone Aquiles cuando se disfraza de Aurora (v. 2113).

En la lista de *dramatis personae*, los lectores de *El caballero dama* se enteran de que a Aquiles "*lo ha de hacer una mujer con nombre fingido de Aurora*." Es decir, una actriz desempeña el papel de un chico adolescente (Aquiles), quien luego, según las necesidades de la trama, también tiene que vestirse de mujer para desempeñar el papel de personaje femenino (Aurora). Después, el mismo cuerpo tiene que ataviarse de hombre joven para "galantear" a la infanta (v. 1406). Sin lugar a dudas, la comedia española fue una gran empresa con fines de lucro, y la exhibición de cuerpos femeninos atractivos se vendía bien en los corrales públicos y los teatros palaciegos.

En la introducción a su edición crítica de *Valor, agravio y mujer* de Ana Caro, Lola Luna nos recuerda lo siguiente:

> La predilección del teatro español por el disfraz varonil ha sido considerado un síntoma más de barroquismo. Pero, además de ser un excelente recurso dramático de perspectivas, el disfraz prestaba un tono erótico a la representación. La moral de la época no permitía ni tan siquiera ver los pies de las comediantas, porque ver los pies era considerado inmoral. ¿Y las piernas y muslos en jubones y calzas ceñidos? (37)

Ruano de la Haza, por su parte, explica la "popularidad" del disfraz varonil a través de los reglamentos de 1608, 1615 y 1641, que prohibieron que las mujeres salieran vestidas de hombre (318–19). De hecho, "las actrices representaban no sólo papeles de mujeres sino, convencionalmente, el papel de hombres jóvenes" (Ruano de la Haza 320), y ésta es precisamente la dinámica que encontramos en el héroe titular de *El caballero dama*, según las acotaciones presentes en la obra.

Este catedrático comenta las numerosas funciones que tienen las prendas en las comedias de Monroy, por ejemplo, la gran variedad de oficios y profesiones retratados y la indumentaria correspondiente. Entre los personajes de *No hay más saber que saberse salvar*, se encuentran un demonio, un ángel, un emperador y una emperatriz, un ermitaño y un barquero. Ruano de la Haza subraya las prendas extravagantes de la dama Fenisa cuando sale "'*en traje de peregrina y sombrero con plumas*'" (311), lo cual indica el papel de las vestimentas en la construcción de una identidad. En este caso, la ropa de peregrina con plumas ayuda a la portadora a proyectar una ocupación (peregrina) y mantener su estatus social (dama).

Dentro del mismo contexto de profesiones y vestimentas, Ruano de la Haza también analiza la función dramática "de vestirse en escena, algo que se hace con cierta frecuencia en la Comedia" (314). Como excelente ejemplo, este crítico cita el comienzo de la tercera jornada de la *Fuenteovejuna* de Monroy, "cuando [el Comendador] continúa vistiéndose impasiblemente y escuchando la música mientras el Regidor de Fuenteovejuna, cuya hija ha sido deshonrada por él, se queja amargamente" (Ruano de la Haza 314). Según las acotaciones de Monroy, el comendador se lava delante del regidor. Luego sus criados le visten, mientras los músicos cantan (Monroy 1969, vv. 301–02). Cuando el regidor termina su discurso, el comendador acaba de vestirse, y pronuncia las siguientes palabras: "Dad de palos a ese viejo" (Monroy 1969, v. 304). Ruano de la Haza concluye: "No se puede imaginar manera más efectiva, teatralmente hablando, de comunicar la absoluta indiferencia y desprecio del Comendador hacia sus vasallos" (314).

El desvestirse en escena también tiene un gran impacto dramático, aún más cuando se representa la transformación instantánea de una identidad femenina en una masculina. Al final de *El caballero dama*, Ulises revela a todos los cortesanos que la dama Aurora resulta ser también el héroe Aquiles. Según las acotaciones, Aquiles, delante de los mismos cortesanos y el público en el teatro, "*Hace que se rompe los vestidos de mujer, y queda en traje de hombre como salió al principio*" (v. 2248+). Si por "principio" el dramaturgo quiere decir el comienzo de la tercera jornada, Aquiles lleva el mismo traje de galán que ha llevado desde la segunda jornada, y se ve "*muy bizarro*" (v. 1357+). Sin embargo, tiene más lógica terminar la obra dramática con un gesto circular que nos recuerda los orígenes del héroe. Es decir, Monroy hace referencia al comienzo de la primerísima jornada y las siguientes acotaciones: "*Descúbrese Aquiles, que le ha de hacer una mujer en traje de caballero de caza, muy galán*" (v. 11+). En contraste con un rey lascivo (Licomedes) y un duque cornudo (Segismundo), la actriz que desempeña el papel del héroe griego ha de lucir su masculinidad y, de esta manera, aparecerá mucho más macho/a dentro del marco teatral que sus rivales españoles.

¿Cómo sería un traje de caballero de caza en esta época? Quizás las representaciones más famosas sean de Velázquez, las mismas que el rey Felipe IV encargó para el pabellón del Pardo entre 1632 y 1635: *Felipe IV cazador*, *El cardenal infante don Fernando de Austria cazador* y *El príncipe Baltasar Carlos cazador*. Las características más llamativas del traje de caza son el conjunto de colores oscuros y el cuello de encaje blanco, que hace resaltar la cara del hombre o niño retratado. Además, consiste en un tabardo (un abrigo sin mangas), un jubón (camisa con mangas labradas y bastante apretadas), calzones amplios y botas altas.

Como Aquiles-Aurora acaba de quitarse el vestido de dama al final de la obra, se supone que en este momento no lleva ni guantes ni gorra de caza como los retratos de Felipe IV, del hermano del rey o del príncipe.[12] A pesar de que el personaje parece más masculino que sus rivales, sigue con las manos desnudas y el cabello rubio suelto, pues la ambigüedad genérica del cuerpo de la actriz y la prohibición oficial de actuar en pantalón varonil todavía atraen la mirada y encienden el deseo de los hombres y mujeres del público. El traje de caza, así como las posibles referencias al Corral de Comedias de la Montería de Sevilla, nos invita a seguir considerando el momento histórico en el cual apareció *El caballero dama* por primera vez.

12 El protagonista titular de *El Aquiles* de Tirso de Molina parece ser más rústico o "natural" que el de Monroy o que los cazadores reales de Velázquez. Como Monroy, Tirso insiste en que una mujer desempeñe el papel, pero el joven Aquiles lleva pieles cuando se presenta por primera vez en compañía de su tutor Quirón (fol. N6v, 1636).

Estudio crítico

Testimonios

El texto de *El caballero dama* nos ha llegado por vía de trece ediciones sueltas, todas producidas entre c. 1638 y 1768. No se conoce ningún manuscrito de la obra que haya sobrevivido. Las primeras siete ediciones de esta larga trayectoria (A-G) se publicaron sin pie de imprenta, una característica típica de las comedias sueltas impresas en el siglo XVII. En contraste, los últimos seis testimonios (H-M) llevan colofón y, según lo que se sabe de las diferentes casas editoriales de la época, deben de ser del siglo XVIII.[1]

A continuación, se encuentran descripciones detalladas del formato de las trece comedias sueltas:

A

[¿Andrés Grande, Sevilla, 1638?]

[CUL] Cambridge University Library: F163.d.8.17 (pieza nº 4 en la colección)

[esquina superior dcha.:] Fol. 1 | EL CAVALLERO DAMA. | COMEDIA | FAMOSA. | DE D. CHRISTOVAL DE MONROY Y SILVA. | Hablan en ella las perſonas ſiguientes. | [dramatis personae a 2 columnas en itálica] | filete horizontal | [centro:] IORNADA PRIMERA. | [columna izq., acotaciones escénicas de 6 líneas:] *Ha de auer en el teatro hecho vn monte de ar- | rayhan y dos puertas a los lados, y ſalen, auien- | do hablado primero dentro a vozes, Poli- | carpo viejo, y Pulgon ca- | da vno por ſu | puerta.* | *Dent. Poli.* Aquiles. | *Dent. Pulg.* Ola, Aquiles. | *Dent Poli.* En que ocultas | grutas del boſque tu valor ſepultas? [...]

[final, columna dcha.:] empiece, el cerco de Troya, | en otra humilde comedia. | [centro:] FIN.

1 Véase Escudero y Perosso (1894), Domínguez Guzmán (1992) y Mellot, Queval y Monaque (2004) para datos específicos sobre las casas de imprenta de España.

4º A-D[4]. 32 p. sin numeración. Sin colofón. Signaturas: A[1]-A2, B[1]-B2, C[1]-C2, D[1]-D2. Cornisas: El cauallero dama. | | De don Chriſtoual de Monroy,y Silua. (De don Chriſtoual de Monroy,y Silva. B[1r]) Reclamos: A[1r]: la | [A1v]: y ſuſ | A2[r]: ſuelta | [A2v]: quan- | [A3r]: con | [A3v]: que | [A4r]: que | [A4v]: aliuiar | B[1r] *Eſcon-* | [B1v]: *Pul.* | B2[r]: Para | [B2v]: *Rey.* | [B3r]: por | [B3v]: *Quie-* | [B4r]: [?] | [B4v]: antes | C[1r]: que | [C1v]: acoſta | C2[r]: deſta | [C2v]: y miro | [C3r]: [centro:] *Fin de la segunda jornada.* | [C3v]: las | [C4r]: teñir | [C4v]: *Rey.* | D[1r] *Pul.* | [D1v] *Duq.* | D2[r]: P*iſt.* | [D2v]: y encarru- | [D3r]: *Inſ.* | [D3v]: *Aqui.* | [D4r]: *Vliſ.*

Med. tip.: 84 mm / 20 lín.

B

[BmL] Bibliothèque municipale de Lyon: 360219

EL CAVALLERO DAMA. | COMEDIA | FAMOSA. | DE D. CHRISTOVAL DE MONROY Y SILVA. | Hablan en ella las perſonas ſiguientes, | [dramatis personae a 2 columnas en itálica] | filete horizontal entre asteriscos | [centro:] IORNADA PRIMERA. | [columna izq., acotaciones escénicas de 6 líneas:] *Ha de auer en el teatro hecho vn mo[n]te* | *de arraiia[n], y dos puertas a los lados, y* | *ſalen, auiendo hablado primero dentro* | *a vozes Policarpo viejo, y Pulgon* | *cada vna* [*sic*] *por ſu* | *puerta.* | *Dent Pol.*Aquiles. | *Dent Pulg.*Ola, Aquiles. | *Dent Pol.*En que ocultas / grutas del boſque tu valor ſepultas? [...]

[final, columna dcha.:] empiece, el cerco de Troya, / en otra humilde comedia. | [centro entre adornos:] FIN.

4º A-D[4]. 32 p. sin numeración. Sin colofón. Signaturas: A[1]-A2, B[1]-B2, C[1]-C2, D[1]-D2. Cornisas: *El Cauallero Dama.* | | *De don Chriſtoual de Monroy,y Silua.* (*El Cavallero Dama.* [C4v], [D3v]; *D*[*e* invertida] *don Chriſtoual de Monroy,y Silua.* A2[r], B2[r], [C3r], D2[r]; *De don Chriſtoual de Monrroy,y Silua.* [A4r], B[1r], C[1r]; *De don Chriſtoval de Monrroy y Silua.* D[1r]) Reclamos: A[1r]: la | [A1v]: y | A2[r]: ſuelta | [A2v]: quan. | [A3r]: con | [A3v]: que | [A4r]: que | [A4v]: aliuia | B[1r] *Eſcon.* | [B1v]: *Pul.* | B2[r]: Para | [B2v]: *Rey* | [B3r]: por | [B3v]: *Quie-* | [B4r]: con | [B4v]: antes | C[1r]: que | [C1v]: acoſta | C2[r]: deſt[?] | [C2v]: y miro | [C3r]: [sin reclamo] | [C3v]: las | [C4r]: teñir | [C4v]: *Rey.* | D[1r] *Pul.* | [D1v] *Duq.* | D2[r]: P*iſt.* | [D2v]: y encarru- | [D3r]: *Inſ.* | [D3v]: *Aqui.* | [D4r]: *Vliſ.*

C

[ULFL] Universidade de Lisboa, Biblioteca da Faculdade de Letras (Osório Mateus): ULFL-OM-02898

Biblioteca Digital (ULFL): http://bibliotecadigital.fl.ul.pt/ULFLOM02898/ULFLOM02898_item1/

EL CAVALLERO DAMA, | COMEDIA | FAMOSA. | *DE DON CHRISTOVAL DE MONROY* | *y Silua.* | Perſonas que hablan en ella. | [dramatis personae a 2 columnas en itálica] | [centro:] IORNADA PRIMERA. | [columna izq., acotaciones escénicas de 6 líneas:] *Ha de auer en el teatro hecho vn* | *monte de arrayan y dos puertas á* | *los lados, y ſalen, auiendo hablado* | *primero dentro a vozes Policarpo* | *viejo, y Pulgon, cada vno* | *por ſu puerta.* | *dent Pol.* Aquiles. | *dent.Pulg.* Ola, Aquiles. | *dent.Pol.* En que ocultas / grutas del boſque tu valor ſepul- (tas? [...]

[final, columna dcha.:] empieze el cerco de Troya, / en otra humilde comedia. | [centro:] FIN, [*sic*]

4° A-D[4]. [1]-32 p. con erratas de numeración. Sin colofón. Signaturas: A[1]-A2, B[1]-B2, C[1]-C2, D[1]-D2. Cornisas: *El Cauallero Dama.* | | *De Don Chriſtoual de Monroy y Silua.* (*De Don Chriſtoval de Monroy, y Silua.* [A3r]; *De Don Chriſtoval de Monroy y Silua.* B[1r], [D3r]; *De Don Chriſtoual de* Monroy *y Silua* [B4r]; *De Don Chriſtoual de* Monroy *y Silua.* [C3r]) Reclamos: A[1r]: la | [A1v]: y | A2[r]: ſuel | [A2v]: quan- | [A3r]: con | [A3v]: que | [A4r]: que | [A4v]: alli- | B[1r] [¿?] | [B1v]: *Pul.* | B2[r]: Pa- | [B2v]: R*ey.* | [B3r]: por | [B3v]: *Quiere* | [B4r]: con- | [B4v]: antes | C[1r]: que | [C1v]: acoſta | C2[r]: deſta | [C2v]: y miro | [C3r]: IOR- | [C3v]: las | [C4r]: teñi- | [C4v]: R*ey.* | D[1r] *Pul.* | [D1v] D*uq.* | D2[r]: Piſ. | [D2v]: y encarru- | [D3r]: *Inſ.* | [D3v]: *Aqui.* | [D4r]: *Vliſ.*

Med. tip.: 86.5 mm / 20 lín.

D

[UNC] University of North Carolina at Chapel Hill Rare Book Collection: PQ6217 .T445 v.27, no. 2

American Libraries Internet Archive (UNC): http://www.archive.org/details/elcaballerodamacoomonr

EL CAVALLERO DAMA, | COMEDIA FAMOSA, | DE DON CHRISTOVAL DE MONROY | Y SILVA. | Perſonas que hablan en ella. | [dramatis personae a 2 columnas en itálica] | [centro:] IORNADA PRIMERA. | [columna izq., acotaciones escénicas de 6 líneas:] *Ha de auer en el teatro hecho vn mon-* | *te de arrayan y dos puertas a los lados,* | *y ſalen, auiendo hablado primero den-* | *tro à vozes Policarpo viejo, y* | *Pulgon, cada*

vno por | *ʃu puerta.* | *Dent.Pol.*Aquiles. | *Dent.Pul.*Ola,Aquiles. | *Dent. Pol.*En que ocultas / grutas del boʃque tu valor ʃepultas [...]
[final, columna dcha.:] empiece, el cerco de Troya / en otra humilde comedi. [*sic*] | [centro:] FIN.
4° A-D[4]. 32 p. sin numeración. Sin colofón. Signaturas: A[1]-A2, B[1]-B2, C[1]-C2, D[1]-D2. Cornisas: *El Caualléro Dama.* | | *De D. Chriʃtoual de Monroy y Silua.* (*El Caualléro Dama,* [Alv], [B3v]; *El Caualléro dama.* [B1v]; *El Caualléro Dama* [C3v], [D2v]; *De Chriʃtoual de Monroy y Silua.* A2[r], [B4r]; *De D. Chriʃtoual de Monroy y Silua,* [A3r], [B3r]; *De Don Chriʃtoual de Monroy y Silua.* [A4r], B2[r]; *De D. Chriʃtoual de Monroy y Silva.* C2[r], D[1r]; *De D. Chriʃtoual de* Monroy *y Silua* D2[r]; *De D Chriʃtoual de Monroy y Silua.* [D4r]) Reclamos: A[1r]: la | [A1v]: y | A2[r]: ʃuel | [A2v]: quan- | [A3r]: con | [A3v]: que | [A4r]: que | [A4v]: ali- | B[1r] *Eʃcon-* | [B1v]: *Pul.* | B2[r]: Pa- | [B2v]: *Rey.* | [B3r]: por | [B3v]: *Quie-* | [B4r]: con | [B4v]: an- | C[1r]: que | [C1v]: acoʃta | C2[r]: deʃta | [C2v]: y miro | [C3r]: IOR- | [C3v]: las | [C4r]: teñir | [C4v]: *Rey.* | D[1r] *Pul.* | [D1v] *Duq.* | D2[r]: P*iʃt.* | [D2v]: y | [D3r]: *Inʃ.* | [D3v]: *Aqui.* | [D4r]: *Vliʃ.*
Med. tip.: 77 mm / 20 lín.
Otros ejemplares:
University of Pennsylvania Rare Books Library (UPenn): SC65. C100. 650C. v.10.
(UPenn: Regueiro, José M. *Spanish Drama of the Golden Age*, Microfilm: 2140. N° 624. Carrete 14.)

E
[BNE] Biblioteca Nacional de España: T/14804/8
EL CAVALLERO DAMA, | COMEDIA FAMOSA, | DE DON CHRISTOVAL DE MONROY | Y SILVA. | Perʃonas que hablan en ella. | [dramatis personae a 2 columnas en itálica] | [centro:] IORNADA PRIMERA. | [columna izq., acotaciones escénicas de 6 líneas:] *Ha de auer en el teatro hecho vn mo[n]-* | *te de arraya[n], y dos puertas à los lados,* | *y ʃalen, auiendo hablado primero de[n]-* | *tro à vozes Policarpo viejo, y* | *Pulgon, cada vno por* | *ʃu puerta.* | *Dent.*Pol.Aquiles. | *Dent.Pul.*Ola,Aquiles: | *Dent.*Pol.En que ocultas | grutas del boʃq[ue] tu valor ʃepultas [...]
[final, columna dcha.:] empiece, el cerco de Troya | en otra humilde comedia. | [centro:] FIN.
4° A-D[4]. 32 p. sin numeración. Sin colofón. Signaturas: A[1]-A2, B[1]-B2, C[1]-C2, D[1]-D2. Cornisas: *El Caualléro Dama.* | | *De D. Chriʃtoual de*

Monroy y Silua. (*El Cauallero dama.* [A2v], [D2v]; *De D: Chriſtoual de Monroy y Silua.* A2[r], D2[r]; *De D. Chriſtoval de Monroy y Silua,* [A3r], B[1r], [C4r], D[1r]) Reclamos: A[1r]: la | [A1v]: y | A2[r]: ſuel- | [A2v]: quan- | [A3r]: con | [A3v]: que | [A4r]: que | [A4v]: ali- | B[1r] *Eſcon-* | [B1v]: P*ul.* | B2[r]: Pa- | [B2v]: *Rey.* | [B3r]: porr | [B3v]: *Quie-* | [B4r]: con | [B4v]: an- | C[1r]: que | [C1v]: acoſta | C2[r]: deſta | [C2v]: y miro | [C3r]: IOR- | [C3v]: las | [C4r]: teñir | [C4v]: *Rey.* | D[1r] P*ul.* | [D1v] *Duq.* | D2[r]: P*iſt.* | [D2v]: y | [D3r]: *Inſ.* | [D3v]: *Aqui.* | [D4r]: *Vli.*

Otros ejemplares:
Hispanic Society of America
Institut del Teatre (Barcelona, Magatzem Sedó): 58970

F

[UPenn 729] University of Pennsylvania Rare Books Library: SC65. C100. 650C. v.19.

(UPenn: Regueiro, José M. *Spanish Drama of the Golden Age*, Film: 2140. #729. Reel 16.)

EL CAVALLERO DAMA. | COMEDIA FAMOSA | DE DON CRISTOVAL DE MONROY. | [dramatis personae a 2 columnas en itálica] | [columna izq., acotaciones escénicas de 4 líneas:] *Ha de auer en el teatro hecho vn monte de* | *arrayban, y dos puertas a los lados, y ſalen,* | *auiendo hablado primero dentro a vozes, Poli-* | *carpo viejo, y Pulgon, cada vno por ſu puerta.* | *Dent. Pol.* Aquiles. *Pul.* Ola, Aquiles | *Pol.* En quê ocultas / grutas del boſque tu valor ſepultas? [...]

[final, columna dcha.:] empieze, el cerco de Troya, / en otra humilde Comedia. | [centro:] FIN.

4° A-C[4]. 24 p. sin numeración a 2 o 3 columnas. Sin colofón. Signaturas: A[1]-A3, B[1]-B3, C[1]-C3. Sin cornisas. Reclamos: A[1r]: eſpu- | [A1v]: yo | A2[r]: *Seg.* | [A2v]: tem- | A3[r]: *Cae* | [A3v]: à mi | [A4r]: *Uan-* | [A4v]: vie- | B[1r] que | [B1v]: y | B2[r]: I*nf* | [B2v]: R*ey.* | B3[r]: U*an-* | [B3v]: aqui | [B4r]: *Aqui.* | [B4v]: pues | C[1r]: *Aqui.* | [C1v]: *Pulg.* | C2[r]: *Piſt.* | [C2v]: y | C3[r]: como | [C3v]: pue- | C4[r]: [¿?]

Otros ejemplares:
University of Chicago Special Collections Research Center: PQ6413. M85C4 1768
University of Tennessee (Knoxville): "An edition of Cristobal de Monroy y Silva's *El cavallero dama*" (Thesis M.S.), by Rosemary Edens, 1951
Vanderbilt University Library Special Collections: PQ6413.M85 C38

G

[BNE T/1539] Biblioteca Nacional de España: T/1539

[esquina superior dcha.:] Num.54. | COMEDIA FAMOSA, | EL CAVALLERO DAMA. | *De Don Chriſtoval de Monroy y Silva.* | PERSONAS QVE HABLAN EN ELLA. | [dramatis personae a 2 columnas en itálica, separadas por adornos] | [entre adornos rodeados por paréntesis:] JORNADA PRIMERA. | [columna izq., acotaciones escénicas de 6 líneas:] *Ha de aver en el teatro hecho vn monte* | *de arrayan, y dos puertas à los lados, y* | *ſalen, aviendo hablado primero den-* | *tro à vozes Policarpo viejo, y* | *Pulgon, cada vno por* | *ſu puerta.* | *Dent.Pol.* AQuiles. | *Dent. Pul.* Ola, Aquiles. | *Dent. Pol.*En que ocultas | grutas del boſque tu valor ſepultas, [...]

[final, columna dcha.:] empiece, el cerco de Troya | en otra humilde comedia. | [centro:] FIN.

4º A-D[4]. 32 p. sin numeración. Sin colofón. Signaturas: A[1]-A2, B[1]-B2, C[1]-C2, D[1]-D2. Cornisas: *El Cavallero Dama.* | | *De D. Chriſtoval de Monroy y Silva.* (*El Galan Dama.* [A2v]; *El Cavallero Dama,* [B2v], [B3v], [C4v], [D1v], [D2v]) Reclamos: A[1r]: la | [A1v]: y | A2[r]: *Pol.* | [A2v]: la | [A3r]: ſin | [A3v]: que | [A4r]: que | [A4v]: ali- | B[1r] *Eſcon-* | [B1v]: *Pul.* | B2[r]: para | [B2v]: *Rey.* | [B3r]: por | [B3v]: *Quie-* | [B4r]: con | [B4v]: an- | C[1r]: que | [C1v]: à coſta | C2[r]: deſta | [C2v]: y miro | [C3r]: JOR- | [C3v]: las | [C4r]: teñir | [C4v]: *Rey.* | D[1r] *Pul.* | [D1v] *Duq.* | D2[r]: *Piſt.* | [D2v]: que | [D3r]: per- | [D3v]: *Sa-* | [D4r]: go-

Med. tip.: Varía entre 78 mm. y 88 mm. / 20 lín.

Otros ejemplares:

Biblioteca de Menéndez Pelayo: 33.811

H

Francisco de Leefdael (Sevilla, 1700-28)

[UM] University of Michigan Hatcher Graduate Library: PQ 6439 .E9 1711

[esquina superior dcha.:] Num. 65. | EL CAVALLERO DAMA. | COMEDIA | FAMOSA, | *DE D. CHRISTOVAL DE MONROY Y SILVA.* | Hablan en ella las Perſonas ſiguientes. | [dramatis personae a 2 columnas en itálica separadas por adornos] | [filete horizontal] | [entre asteriscos:] JORNADA PRIMERA. | [columna izq., acotaciones escénicas de 6 líneas:] *Ha de haver en el teatro hecho un monte* | *de arrayan, y dos puertas a los lados y,* | *ſalen, aviendo hablado primero den-* | *tro à vozes* | *Policarpo viejo, y* | *Pulgon, cada uno por* | *ſu puerta.* | *Dent. Pol.* Aquiles. | *Dent.*

Pul. Ola, Aquiles. | *Dent. Pol.* En què ocultas | grutas del boſque tu valor ſepultas, [...]

[final, columna dcha:] empiece el Cerco de Troya | en otra humilde comedia. | [centro:] FIN. | [adornos] | Con licencia: En Sevilla, por FRANCISCO | DE LEEFDAEL, en la Caſa del Correo | Viejo.

4° A-D[4]. [1]-32 p. a 2 columnas. Signaturas: A[1]-A2, B[1]-B2, C[1]-C2, D[1]-D2. Cornisas: *EL CAVALLERO DAMA,* | | *DE D. CHRISTOVAL DE MONROY.* (*EL CAVALLERO DAMA* 12; *DE D. CHRYSTOVAL DE MONROY.* 3) Reclamos: A[1r]: vi- | [A1v]: tus | A2[r]: *Pol.* | [A2v]: *Seg.* | [A3r]: à | [A3v]: no | [A4r]: ſo- | [A4v]: de | B[1r]: *Eſcon-* | [B1v]: dize | B2[r]: de- | [B2v]: tan | [B3r]: y | [B3v]: *Em-* | [B4r]: *Car-* | [B4v]: ò | C[1r]: mati- | [C1v]: que | C2[r]: tan | [C2v]: no | [C3r]: mas | [C3v]: que | [C4r]: *Pa-* | [C4v]: que | D[1r]: ſi | [D1v]: *Piſt.* | D2[r]: ſed | [D2v]: por- | [D3r]: per- | [D3v]: me | [D4r]: en

Med. tip.: 80 mm. / 20 lín.

Otros ejemplares:

Harvard University Houghton Library: 003159224

I

Alonso del Riego (Valladolid, 1714-68)

[BnF] Bibliothèque nationale de France (Tolbiac): YG-351 (9)

Biblioteca Nacional de España: T/14804/7

(Las sueltas de la BnF y la BNE son casi idénticas, pero tienen páginas mal guillotinadas. Para ofrecer una descripción completa, he combinado información de los dos ejemplares.)

[esq. superior dcha.:] Num. 80 | COMEDIA FAMOSA | EL CAVALLERO | DAMA, | *DE D. CHRISTOVAL DE MONROY Y SILVA.* | Hablan en ella las Perſonas ſiguientes. | [dramatis personae a 2 columnas en itálica separadas por adornos] | [filete horizontal] | [centro:] JORNADA PRIMERA. | [columna izq., acotaciones escénicas de 6 líneas:] *Ha de aver en el teatro hecho vn monte* | de *arrayan, y dos puertas à los lados, y* | *ſalen, aviendo hablado primero den-* | *tro à voces Policarpo viejo, y* | *Pulgon, cada uno por* | *ſu puerta.* | *Dentr. Pol.* Aquiles. | *Dentr. Pul.* Ola,Aquiles. | *Dent. Pol.* En què ocultas | grutas del boſque tu valor ſepultas, [...]

[final, columna dcha:] empieze, el Cerco de Troya | en otra humilde Comedia. | [encuadrado por adornos:] FIN | Impreſſa en Valladolid : En la Imprenta de *Alonſo del* | *Riego* , Impreſſor de la Real Univerſidad, y del San- | to Oficio de la Inquiſicion , donde ſe hallarà eſta , | y otras de diferentes titulos : Y Entremeses , Hiſtorias, | Coplas , Eſtampas , y diferentes generos de Libros. | Vive à la Calle de la Libreria.

4º A-D[4]. 32 p. sin numeración. Signaturas: A[1]-A2, B[1]-B2, C[1]-C2, D[1]-D2. Cornisas: *El Cavallero Dama,* | | *De Don Chriſtoval de Monroy.* (*El Cavallero Dama.* [A4v], [C3v]; *El Cavallero Dama,* [B3v], [D4v]; *De Don Chriſtoval de Monroy.* [A4r], B[1r], [B4r], C2[r], [C3r], [D3r], [D4r]; *De D.Chriſtoval de Monroy.* B2[r], D[1r]; *De Chriſtoval de Monroy,* [B3r], D2[r]; D*e Don Chriſtoval de Monroy.* C[1r]; *De Chriſtoval de Monroy,* D2[r]) Reclamos: A[1r]: vi- | [A1v]: tus | A2[r]: *Pol.* | [A2v]: *Seg.* | [A3r]: à | [A3v]: no | [A4r]: ſo- | [A4v]: de | B[1r] *Eſcon-* | [B1v]: dize | B2[r]: de- | [B2v]: tan | [B3r]: y | [B3v]: *Em-* | [B4r]: *Car-* | [B4v]: ò | C[1r]: mati- | [C1v]: que | C2[r]: tan | [C2v]: no | [C3r]: mas | [C3v]: que | [C4r]: *Pa-* | [C4v]: que | D[1r] ſi | [D1v] *Piſt.* | D2[r]: ſed | [D2v]: por- | [D3r]: per- | [D3v]: me | [D4r]: en

Med. tip.: 86.5 mm. / 20 lín.

J

Viuda de Leefdael (Sevilla, 1729-33)

[LL] London Library: P 970-2

[esquina superior dcha.:] Num. 65. | EL CABALLERO DAMA. | COMEDIA | FAMOSA, | *DE D. CHRISTOVAL DE MONROY, Y SILVA.* | Hablan en ella las perſonas ſiguientes. | [dramatis personae a 2 columnas en itálica] | [filete horizontal] | [entre adornos:] JORNADA PRIMERA. | [columna izq., acotaciones escénicas de 5 líneas:] *Ha de haver en el teatro hecho un monte de* | *arrayan, y dos puertas à los lados, y ſalen, ha-* | *viendo hablado primero dentro à voces* | *Policarpo viejo, y Pulgon, cada uno* | *por ſu puerta.* | *Dent. Pol.* Aquiles. | *Dent. Pul.* Ola,Aquiles. | *Dent. Pol.* En què ocultas | grutas del boſque tu valor ſepultas? [...]

[final, columna dcha:] empieze el Cerco de Troya, | en otra humilde Comedia. | [centro:] FIN. | [filete] | CON LICENCIA: | En Sevilla, en la Imprenta de la *Viuda* | de *Francisco de Leefdael,* en la Caſa | del Correo Viejo.

4º A-C[4], D[2]. [1]-28 p. a 2 columnas separadas por filete. Signaturas: A2, B[1]-B2, C[1]-C2, D[1]. Cornisas: *El Caballero Dama,* | | *de Don Chriſtoval de Monroy.* (*El Caballero Dama.* 10; *De Don Chriſtoval de Monroy.* 7, 17, 25) Reclamos: [A1r]: entre | [A1v]: en | A2[r]: y | [A2v]: Las | [A3r]: ſin | [A3v]: à | [A4r]: fio | [A4v]: *Rey.* | B[1r]: JOR- | [B1v]: para | B2[r]: ſoi | [B2v]: mui | [B3r]: tal | [B3v]: no | [B4r]: deſ- | [B4v]: *Inf.* | C[1r]: ſeñora, | [C1v]: *Aquil.* | C2[r]: ſuele | [C2v]: eſſe | [C3r]:

mas | [C3v]: *Duq.* | [C4r]: *Pul.* | [C4v]: por | D[1r]: No | [D1v]: A | D2[r]: el

Med. tip.: 75 mm. / 20 lín.

Otros ejemplares:

Biblioteca Palatina: PARE060966

K

Imprenta del Correo Viejo (Sevilla, 1733-43)

[BNE T/5192] Biblioteca Nacional de España: T/5192

[esquina superior dcha.:] Num. 65. | EL CABALLERO DAMA. | COMEDIA | FAMOSA, | *DE D. CHRISTOVAL DE MONROY Y SILVA.* | Hablan en ella las Perſonas ſiguientes. | [dramatis personae a 2 columnas en itálica separadas por filete] | [filete horizontal] | [entre adornos:] JORNADA PRIMERA. | [columna izq., acotaciones escénicas de 5 líneas:] *Ha de haver en el teatro hecho un monte de* | *arrayan y dos puertas à los lados y ſalen ha-* | *viendo hablado primero dentro à voces* | *Policarpo, Viejo y Pulgon, cada uno* | *por ſu puerta.* | *Dent. Pol.* Aquiles. | *Dent. Pul.* Ola, Aquiles. | *Dent. Pol.* En què ocultas | grutas del boſque tu valor ſepultas? [...]

[final, columna dcha:] empieze el Cerco de Troya | en otra humilde comedia. | [centro:] FIN. | Con licencia: En Sevilla, en la Imprenta del Correo Viejo, | frente del Buen-Suceſſo. |

4° A-C[4], D[2]. [1]-28 p. a 2 columnas separadas por filete. Signaturas: A[1]-A2, B[1]-B2, C[1]-C2, D[1]. Cornisas: *El Caballero Dama,* | | *de D. Chriſtoval de Monroy.* (*El Caballero Dama.* 16; *de D.Chriſtoval de Monroy.* 7) Reclamos: A[1r]: la | [A1v]: con | A2[r]: *Vanſe,* | [A2v]: *Rey.* | [A3r]: baſta- | [A3v]: vol- | [A4r]: y | [A4v]: don- | B[1r]: que | [B1v]: que | B2[r]: Mas | [B2v]: ſalte | [B3r]: Magi- | [B3v]: *Inf.* | [B4r]: que | [B4v]: valien- | C[1r]: to- | [C1v]: me: | C2[r]: ſe | [C2v]: *Rey.* | [C3r]: aſsi | [C3v]: la | [C4r]: y | [C4v]: *Haſe* | D[1r]: R*ey.* | [D1v]: para | [D2r]: un

Med. tip.: 74 mm. / 20 lín.

Otros ejemplares:

Biblioteca de Menéndez Pelayo: 33.806

Hispanic Society of America

Österreichische Nationalbibliothek: 488291-B. Alt Mag

Staatsbibliothek zu Berlin: 4" Xk 1209-no.6

L

Joseph Padrino (Sevilla, 1741?–79?)

[BNE T/14794/21] Biblioteca Nacional de España: T/14794/21

[esquina superior dcha.:] Num.200. | COMEDIA FAMOSA. | EL | CABALLERO | DAMA. | *DE DON CHRISTOVAL DE MONROY.* | Hablan en ella las Perſonas ſiguientes. | [dramatis personae a 2 columnas en itálica separadas] | [filete horizontal] | [centro:] JORNADA PRIMERA. | [columna izq., acotaciones escénicas de 5 líneas:] *Ha de haver en el theatro hecho un monte de* | *arrayhan, y dos puertas à los lados, y ſalen,* | *haviendo hablado primero dentro â voces,* | *Policarpo, Viejo, y Pulgon, cada uno* | *por ſu puerta.* | *Dentr. Polyc.* Achiles? | *Dentr. Pulg.* Ola, Achiles? | *Dent. Polyc.* En qué ocultas | grutas del boſque tu valor ſepultas? [...]

[final, columna dcha:] empieze el Cerco de Troya | en otra humilde Comedia. | FIN. | [centro:] Con licencia: En Sevilla, en la Imprenta de JOSEPH PADRINO, Mercader de | Libros, en calle de Genova.

4º A-C[4]. [1]-24 p. a 2 o 3 columnas. Signaturas: A[1]-A2, B[1]-B2, C[1]-C2. Cornisas: *El Caballero Dama.* | | *De Don Chriſtoval de Monroy.* Reclamos: A[1r]: Poly- | [A1v]: que | A2[r]: riza | [A2v]: cuyo | [A3r]: y | [A3v]: me | [A4r]: *Piſt.* | [A4v]: *Piſt.* | B[1r] eſſe | [B1v]: eſſas | B2[r]: *Pulg.* | [B2v]: *Inf.* | [B3r]: las | [B3v]: que | [B4r]: que | [B4v]: merece, | C[1r]: á ſer | [C1v]: *Salen* | C2[r]: y como | [C2v]: *Poneſe* | [C3r]: *Piſt.* | [C3v]: mas | [C4r]: pongo

Med. tip.: 69.5 mm. / 20 lín.

Otros ejemplares:

Biblioteca Nacional de España: T/4399

Bibliothèque nationale de France (Tolbiac): 8-YG PIECE-410

Ohio State University Rare Books and Manuscripts Library: PQ6413.M85 C317

M

Viuda de Orga (Valencia, 1768)

[BNE T/14804/9] Biblioteca Nacional de España: T/14804/9

[esquina superior izqda.:] N. 129. [esquina superior dcha.:] Pag. I | COMEDIA FAMOSA. | EL CAVALLERO | DAMA. | *DE D. CHRISTOVAL DE MONROY Y SILVA.* | HABLAN EN ELLA LAS PERSONAS SIGUIENTES. | [dramatis personae a 3 columnas en itálica separadas por grupos de asteriscos] | [banda horizontal entre adornos] | [centro:] JORNADA PRIMERA. | [columna izq., acotaciones escénicas de 2 líneas:] *Dicen dentro los primeros verſos Policarpo, y* | *Pulgon, y à su tiempo ʃaldràn.* | *Polic.* AQuiles. | *Pulg.* Ola, Aquiles. | *Polic.* En què ocultas | grutas del boʃque tu valor ʃepultas? [...]

[final, columna dcha:] empiece el Cerco de Troya | en otra humilde Comedia. | [centro:] FIN. | CON LICENCIA : EN VALENCIA , en la Imprenta de la | Viuda de Joʃeph de Orga , calle de la Cruz Nueva, | junto al Real Colegio del Señor Patriarca , en donde | ʃe hallarà eʃta , y otras de diferentes | Titulos. Año 1768.

4º A-C[4], D[2]. 1-28 p. Signaturas: A[1]-A2, B[1]-B2, C[1]-C2, D[1]. Cornisas: *El Cavallero Dama.* | | *De Don Chriʃtoval de Monroy y Silva.* Reclamos: A[1r]: dan- | [A1v]: eʃʃe | A2[r]: *Inf.* | [A2v]: la | [A3r]: le | [A3v]: *Rey.* | [A4r]: no | [A4v]: *Pulg.* | B[1r]: *Aquil.* | [B1v]: Deʃ. | B2[r]: *Aquil.* | [B2v]: y | [B3r]: *Seg.* | [B3v]: *Rey.* | [B4r]: *Aquil.* | [B4v]: to- | C[1r]: hay | [C1v]: por- | C2[r]: y | [C2v]: no | [C3r]: la | [C3v]: eʃ- | [C4r]: ʃe- | [C4v]: *Aquil.* | D[1r]: es | [D1v]: vos | [D2r]: *Rey.*

Med. tip.: 73 mm. / 20 lín.

Otros ejemplares:

Biblioteca de Menéndez Pelayo: 31.153

Biblioteca Nacional de España: T/566; T/14996/2; U/9312

British Library: 1342.e.12.(18); 11728.i.4.(2.)

Cambridge University Library Rare Books Room: Hisp.5.76.8; 7743.c.21

Institut del Teatre (Barcelona, Magatzem Sedó): 39678; 45244; 60683; 61682

Koninklijke Bibliotheek: 3013 A 21

London Library: P 929-6; P 946-7

New York Public Library Humanities and Social Sciences: NPL p.v.338 (no. 15)

Niedersächsische Staats- und Universitätsbibliothek Göttingen: 8 P DRAM II, 82:7 (2)

Österreichische Nationalbibliothek: 38.V26.(1).; 38.T.12.(14).

Staatsbibliothek zu Berlin: 4" Xk 1500; 4" Xk 1477-n012

Universitat de València, Biblioteca d'Humanitats: BH T/0087(06)

Universitätsbibliothek Freiburg: E 1032,n-20

University of Illinois at Urbana-Champaign Rare Book and Manuscript Library: 863 M75OC1768

University of Minnesota Twin Cities Wilson Library Rare Books: 862M757 OC

University of Toronto Thomas Fisher Rare Book Library: 1104102

Wayne State University Library: CV 44

Yale University Sterling Memorial Library: He35 6 11

Transmisión del texto escrito

La edición príncipe (A) de *El caballero dama* está escondida entre las páginas preliminares y la primera página numerada de *Comedias parte treinta, compuestas por diferentes autores*, un volumen que pertenece a la Cambridge University Library (CUL). El libro parece haber sido un encargo particular, porque contiene diversas comedias sueltas que fueron añadidas al comienzo y cosidas dentro del mismo tomo. A la obra de Monroy y Silva le precede la comedia *Más es querer, que poder*, de Diego de Rosas y Argomedo, y le sigue *Lo que son juicios del cielo*, de Juan Pérez de Montalbán. Aunque el tomo *Comedias parte treinta* es de la Imprenta de Andrés Grande (Sevilla, 1638), la edición de *El caballero dama* fue agregada posteriormente y no lleva colofón. Aun así, siendo Sevilla la capital de la provincia natal de nuestro dramaturgo, es probable que esta comedia suelta sea de la misma o de otra imprenta hispalense.

La Bibliothèque municipale de Lyon (BmL) también cuenta con una edición de *El caballero dama.* Esta comedia suelta (B) se inspiró tanto en la edición príncipe (A), que es posible que ambas sean de la misma casa de imprenta. A primera vista, el testimonio B es una copia casi idéntica de la edición príncipe, pero la suelta B también es única en el mundo, pues presenta variantes y erratas que no existen ni en la edición príncipe ni en ninguna otra edición que se conozca. Por ello, se puede concluir que la edición B no sirvió de fuente para otras publicaciones.

Los testimonios C y D de *El caballero dama* forman una pareja curiosa que, sin lugar a dudas, se basa en la edición príncipe (A), repitiendo sus faltas y presentando nuevas variantes y erratas. Sin embargo, su relación con la edición A es un poco más distante que la de la suelta que dio a luz el testimonio B. La combinación de ambos testimonios (C y D) revela la probable existencia de una edición fantasma—es decir, una versión intermedia (γ), hoy desconocida—que sirvió de fuente textual para los dos.

Las ediciones A (CUL) y B (BmL) emplean usos que solamente se encuentran en ellas. En contraste, la suelta C (guardada en la biblioteca de la Universidade de Lisboa, Faculdade de Letras [ULFL]) y la suelta D (localizada en la biblioteca de la University of North Carolina [UNC]) adoptan variantes que sólo se ven en ellas y en los testimonios posteriores. Por ejemplo, las sueltas C (ULFL) y D (UNC) y todas las demás ediciones cambian los usos "lucho" por "lidio" (v. 175), "prudencia" por "imprudencia" (v. 370), "espumas" por "plumas" (v. 457), "vivir" por "morir" (v. 1444), y "*calçones*" por "*calçoncillos*" (v. 1953+). Sin otras pistas, se podría deducir que las sueltas C y D sirvieron de base para todas las demás ediciones de *El caballero dama*. Sin embargo, el testimonio C también introduce importantes cambios que no se repiten en ningún otro testimonio. Por ejemplo, la suelta C es la única que sustituye "letras" por "señas" (v. 656), "*Aparte*" por "*Al paño*" (v. 682+), "ofenderte" por "vencerte" (v. 1582), y "le parezca" por "ſe parece" (v. 1637). La edición C también invierte los vocablos de dos versos, empleando "Aſperos ſoplos el Boreas / dilata cuya fiereza..." en vez de los versos originales "Aſperos ſoplos dilata / el Boreas cuya fiereza..." (vv. 446-47).

Por supuesto, a diferencia de la suelta C (ULFL), la D (UNC) es también la primera versión de *El caballero dama* en adoptar nuevas variantes que sí se extienden desde su publicación en adelante (es decir, hasta la última edición en 1768). Por ejemplo, los testimonios A (CUL), B (BmL) y C (ULFL) comparten los siguientes usos: "beque" (v. 460), "dar" (v. 1026), "tus desafueros" (v. 1068), "aqueſta" (v. 1941), "respondéis" (v. 1985) y "bordó" (v. 2044). Por su parte, la suelta D (UNC) inspiró los siguientes cambios en las ediciones posteriores: "buque" (v. 460), "dame" (v. 1026), "tu desafuero" (v. 1068), "aquella" (v. 1941) y "borró" (v. 2044).

En resumen, hay una combinación de hechos que revela las huellas de una edición perdida (γ):

- Las ediciones A (CUL) y B (BmL) comparten usos que solamente se encuentran en ellas.
- La suelta C (ULFL) comparte usos con las ediciones A y B que solamente se encuentran en esas tres.
- La suelta C tiene variantes significantes que no aparecen en los testimonios anteriores (A-B) ni en los posteriores (D-M).
- Las ediciones C y D (UNC) tienen variantes significantes que coinciden con todos los testimonios posteriores (D-M).
- La suelta D introduce variantes que se repiten en todos los testimonios posteriores (E-M).

Como hay variantes que sólo existen en la edición C y que no reaparecen, y como las ediciones C y D comparten otras variantes que se leen en todas las sueltas posteriores (pero no en las sueltas A y B), es probable que una edición ahora perdida (γ) diera a luz dos testimonios diferentes (C y D). De aquella (γ), es probable que las ediciones C y D heredaran los cambios "lidio" (v. 175), "imprudencia" (v. 370), "plumas" (v. 457), "morir" (v. 1444) y "*calçoncillos*" (v. 1953+). Además, la edición D introduce nuevas variantes que no existen en las ediciones A-C pero sí se repiten en las ediciones E-M. Por lo tanto, es posible dibujar los comienzos de un esquema que explique la transmisión de *El caballero dama* desde un manuscrito perdido—el autógrafo (α) o el apógrafo (β)—hasta la edición D:

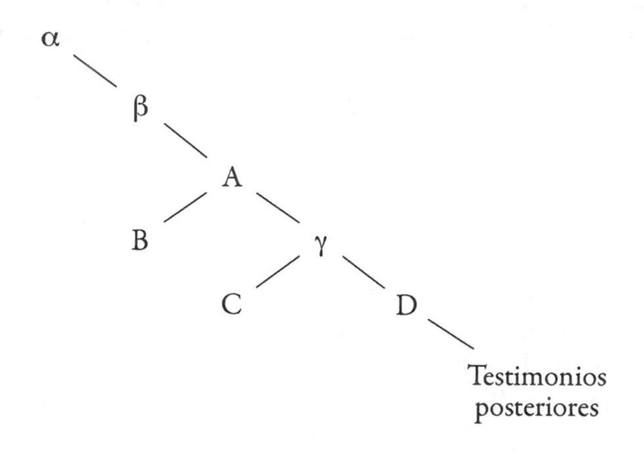

Luego, el testimonio D (UNC) generó el testimonio E, que se encuentra hoy en la Biblioteca Nacional de España (BNE) y en otras colecciones.

Ahora bien, la versión E (BNE T/14804/8) sustituye los usos "Hermo" por "Hemo" (v. 158), "tristeza" por "fineza" (v. 294), "inconstante" por "inocente" (v. 359) y "primo" por "primero" (v. 517). Estas variantes también aparecen en los testimonios F (UPenn 729) y G (BNE T/1539). Aunque la versión F (UPenn 729) es una de las más defectuosas, sus erratas y omisiones no se encuentran en los testimonios posteriores. La versión G, sin embargo, se destaca por cambiar el orden de los versos "siendo vuestros arroyos por galantes / sendas de nieve, sierpes de diamantes; / odoríferas flores / que huyendo de la noche los rigores" (vv. 231-34). A partir de esta versión, todos los testimonios reproducen los versos en el siguiente orden: "odoríferas flores / que huyendo de la noche los rigores / siendo vuestros arroyos por / sendas de nieve, sierpes de diamantes" (vv. 231-34). De esta manera, es posible añadir más datos al árbol genealógico para visualizar la transmisión de *El caballero dama* a finales del siglo XVII:

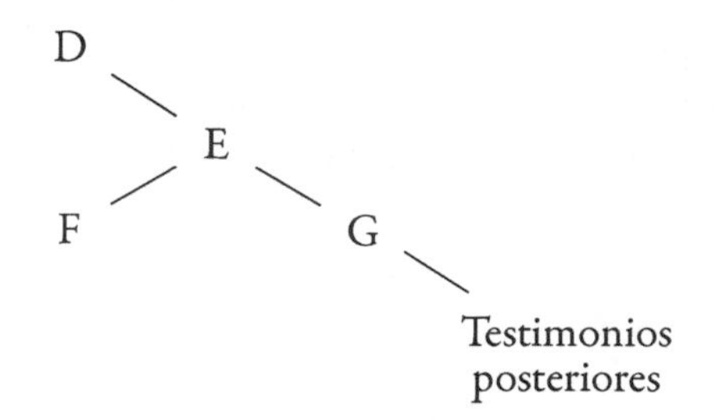

Aparte de un análisis comparativo de las variantes textuales que se manifiestan en diversas ediciones de *El caballero dama*, los colofones—cuando los hay—ofrecen datos básicos para distinguir una comedia suelta de otra. El testimonio H (Francisco de Leefdael, Casa del Correo Viejo, Sevilla, 1700-28) es el primero en introducir cambios como la frase "bruto fiero" en lugar de "bruto fuerte" (v. 7). Luego, la versión H genera otras versiones: el testimonio I de Alonso del Riego (Valladolid, 1714-68) y, lógicamente, el testimonio J de la Viuda de Francisco de Leefdael (Casa del Correo Viejo, Sevilla, 1729-33). Ambas ediciones modernizan la ortografía del título de la obra, empleando la "b" en vez de la "v" en la palabra "caballero."

Aunque las imprentas posteriores no copian el testimonio I de Alonso del Riego para sacar nuevas ediciones, la suelta J de la Viuda de Leefdael sí introduce variantes perdurables que se ven en la siguiente generación de la misma casa editorial. Por ejemplo, el testimonio K de la Imprenta del Correo Viejo (Sevilla, 1733-43) se muestra como el primer intento de corregir la ortografía del nombre "Deidomia," reemplazándolo por su variante clásica "Deidamia." La Imprenta de Joseph Padrino (Sevilla, 1741?–79?), por su parte, es responsable del testimonio L, la última publicación hispalense de la obra de Monroy y Silva. Finalmente, la famosa Imprenta de la Viuda de Joseph de Orga (Valencia, 1768) dio origen a la que hoy en día se reconoce como la edición más difundida—y la más distante de la edición príncipe (A)—de la comedia de Monroy. A este testimonio le asignamos la letra "M."

A continuación, se presenta un esquema completo de cómo el texto de *El caballero dama* pasa de mano en mano y de imprenta en imprenta a lo largo de los siglos XVII y XVIII. A diferencia de los dibujos anteriores, en éste se destaca el tronco del árbol genealógico desde los manuscritos perdidos—ya sea el autógrafo (α) o el apógrafo (β)—hasta las últimas ediciones impresas en Sevilla y Valencia (K, L y M):

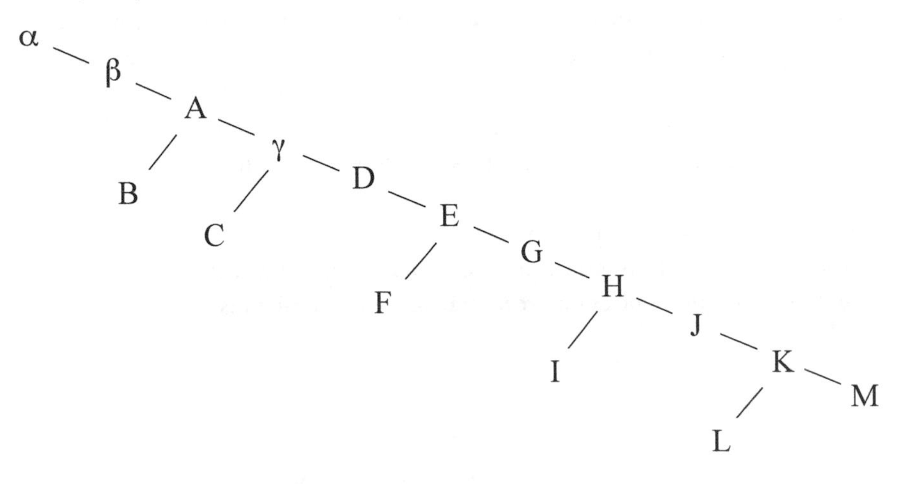

Criterios de esta edición

Ésta es la única edición moderna de *El caballero dama*. Sin embargo, es necesario reconocer una transcripción del testimonio F que sirvió de tesina a Rosemary Edens de la University of Tennessee en 1951. A diferencia del proyecto de Edens, esta publicación es una edición crítica en la cual se consignan las variantes existentes en las diversas comedias sueltas consultadas. Este proceso meticuloso me ha permitido identificar la edición príncipe, ahora localizada en la biblioteca de la Cambridge University (el testimonio A). Por supuesto, la presente edición se basa en esa primerísima suelta, de la cual se hicieron varias ediciones en los siglos XVII y XVIII.

El texto de esta edición se ha anotado según criterios filológicos. Hay pocas erratas en la edición príncipe, pero, donde las hay, las comparé con las variantes en las ediciones posteriores para proponer soluciones. En un par de casos, he enmendado pequeñas lagunas reveladas por la contravención a las normas estróficas, señalando mis cambios a cada paso. Por otra parte, he modernizado grafías sin relevancia fonética: -c- > -sc- (descender); -g- > -j- (mujer); -ll- > -rl- (sacarle); -mb- > -nv- (desenvaina); ye- > hie- (hiedra). También he puntuado y regularizado la disposición del texto en general y añadido un aparato de notas explicativas.

En aquellos casos en los que era preferible respetar los usos antiguos de la edición príncipe, hice importantes excepciones. Por ejemplo, en el siglo XVII, la *r* final de los infinitivos delante del pronombre enclítico *lo* se convertía con frecuencia en *l*. En esta edición se ha modernizado esta costumbre, a menos que afecte la rima, como en los siguientes casos: "matalle" (v. 53); "creello" (v. 1554); "vella" (v. 1947). Además, se han preservado las formas apócopes irregulares cuando una corrección podría afectar la fluidez métrica. Éste es el caso de la conservación de usos como "la postrer boqueada" en lugar de "la postrera boqueada" (v. 22). También se han respetado algunas variaciones léxicas y ortográficas cuando el dramaturgo intenta contrastar el tono popular de los criados con el aristocrático de los nobles. Es el caso del uso "usté" (v. 628) en boca de los graciosos Pulgón y Pistolete.

Por supuesto, para facilitar la lectura de los versos de Monroy y Silva, se ofrece un glosario de nombres y otros vocablos al final de esta edición.

Sinopsis de la polimetría

Aportamos una sinopsis de la polimetría para facilitar la lectura de *El caballero dama*. Lo que sigue es un breve análisis de los siguientes datos:

Jornada primera

Forma métrica	*Línea*	*N° de versos*
Silvas	1–72	72
Romance (í-e)	73–208	136
Silvas	209–248	40
Décimas con rima ABBAA, CCDDC	249–298	50
Romance (é-o)	299–306	8
Romance (é-a)	307–730	424
Total	**1–730**	**730**

Jornada segunda

Forma métrica	*Línea*	*N° de versos*
Redondillas con rima ABBA	731–818	88
Romance (ó-o)	819–1008	190
Redondillas con rima ABBA	1009–1044	36
Carta (prosa)	---	---
Redondillas con rima ABBA	1045–1228	184
Silvas	1229–1276	48
Romance (á-e)	1277–1410	134
Décimas con rima ABBAA, CCDDC	1411–1440	30
Romance (á-e)	1441–1512	72
Total	**731–1512**	**782**

Jornada tercera

Forma métrica	*Línea*	*N° de versos*
Décimas con rima ABBAA, CCDDC	1513–1612	100
Romance (é-e)	1613–1836	224
Redondillas con rima ABBA	1837–2008	172
Silvas	2009–2076	68
Romance (é-a)	2077–2330	254
Total	**1513–2330**	**818**

Resumen

Forma métrica	*Nº de versos*	*Porcentaje*
Romance	1442	61,9
Redondillas	480	20,6
Silvas	228	9,8
Décimas	180	7,7
Total	**2330**	**100,0**

Un análisis de la versificación de una comedia publicada en forma de suelta resulta útil para determinar la integridad de la misma. Como primera observación, con sólo 2330 versos de extensión, la suelta principal en la que se basa la presente edición de *El caballero dama* es relativamente breve. Una comedia típica de la época (una obra en tres actos al estilo de Lope de Vega) suele alcanzar los 3000 versos. No obstante, un análisis de la polimetría de la suelta muestra que todas las estrofas están completas. Hay algunas erratas de ortografía que se pueden atribuir al dramaturgo o al editor que publicó la suelta, pero no hay omisiones obvias en la rima ni en el ritmo de los versos. Tampoco hay ediciones anteriores o posteriores que sean más extensas que la presente. Por lo tanto, parece que el joven Cristóbal de Monroy y Silva simplemente tomó la decisión de no alargar demasiado el tema cuando escribió esta obra cómica.

El análisis de la versificación también ofrece pistas para comprobar la autoría o la fecha aproximada de una comedia. De hecho, los primeros versos de *El caballero dama* pueden resultar algo graciosos para el lector u oyente que reconozca el empleo de la silva, una forma métrica de origen italiano cuyo nombre coincide con el segundo apellido de nuestro dramaturgo. Esta forma métrica consiste en una combinación libre de versos de siete y once sílabas de rima consonante, que empezó a tener éxito en la lírica española a partir de 1613, cuando el poeta cordobés Luis de Góngora y Argote publicó sus *Soledades.* Casi una décima parte de la obra consiste en silvas, "tocaya" o autógrafo meta-poético, quizás, de Monroy y Silva.

Además de su uso de la silva, el dramaturgo opta por la rima consonante en gran parte de sus versos octosílabos. Por lo tanto, algo más del 38 por ciento de la obra consiste en rimas consonantes, sea en forma de silvas (9,8 por ciento), redondillas (20,6 por ciento) o décimas (7,7 por ciento). No obstante, predomina el romance (casi el 62 por ciento de la obra). La combinación de versos de ocho sílabas con la rima asonante del romance contribuye al tono ligero del tema general de *El caballero dama*. Asimismo, una importante excepción a estos usos poéticos es la aparición de una carta en prosa durante la segunda jornada, que interrumpe de forma juguetona una serie de redondillas con rima *ABBA*.

Bibliografía

Abad, Manuel. 2001. "Un disfrazado de mujer en una comedia del sevillano Monroy." *Sevilla y la literatura: homenaje al profesor Francisco López Estrada, en su 80 cumpleaños*, eds. Francisco López Estrada, et al. Sevilla: Universidad de Sevilla, Secretariado de Publicaciones. 177-86.

Aichinger, Wolfram. 2015. "Parma contra Mantua, Farnesio contra Gonzaga. La comedia palatina de Calderón y la distancia entre Italia y Madrid." *Hispanófila* 175: 15-22.

Altamiranda, Daniel. 1999. "Cristóbal Monroy y Silva." *Spanish writers on gay and lesbian themes: a bio-critical sourcebook*, ed. David William Foster. Westport, CT: Greenwood Press. 118-20.

Barrera y Leirado, Cayetano Alberto de la. 1969. *Catálogo bibliográfico y biográfico del teatro antiguo español, desde sus orígenes hasta mediados del siglo XVIII*. Madrid: Editorial Gredos.

Bem Barroca, Manuel R. 1966. "Vida y obra de Monroy." Tesis doctoral, Universidad de Sevilla.

———. 1976. "Introducción." *Dos comedias inéditas de don Cristóbal de Monroy y Silva*, 11-31. Chapel Hill, NC: Estudios de Hispanófila.

Bradbury, Gail. 1981. "Irregular sexuality in the Spanish 'comedia.'" *Modern Language Review* 76: 566-80.

Butler, Judith. 1990. *Gender trouble: feminism and the subversion of identity*. New York: Routledge. [*El género en disputa: feminismo y la subversión de la identidad*. Traducción de María Antonia Muñoz. Barcelona: Paidós, 2007.]

———. 1993. *Bodies that matter: on the discursive limits of "sex."* New York: Routledge. [*Cuerpos que importan: sobre los límites materiales y discursivos del "sexo."* Traducción de Alcira Bixio. Barcelona: Paidós, 2002.]

Calderón de la Barca, Pedro. 1992. *La primera versión de La vida es sueño*, ed. José M. Ruano de la Haza. Liverpool: Liverpool UP.

Canavaggio, Jean. 1979. "Los disfrazados de mujer en la comedia." *La mujer en el teatro y la novela del siglo XVII.* Actas del Segundo Coloquio del Grupo de Estudios sobre Teatro Español. Toulouse: France-Ibérie Recherche, 135-45.

Comedias parte treinta, compuestas por diferentes autores. 1638. Sevilla: Imprenta de Andrés Grande.

Cotarelo y Mori, Emilio. 1924. *Ensayo sobre la vida y obras de d. Pedro Calderón de la Barca.* Biblioteca de la Real Academia Española 43: 316–17. Madrid: Tipografía de la "Revista de archivos, bibliotecas y museos."

Covarrubias Orozco, Sebastián de, Felipe C. R. Maldonado, y Manuel Camarero. 1994. *Tesoro de la lengua castellana o española.* Madrid: Editorial Castalia.

Diccionario de autoridades. 1990. Real Academia Española. Madrid: Gredos.

Domínguez Guzmán, Aurora. 1992. *La imprenta en Sevilla en el siglo XVII: catálogo y análisis de su producción, 1601-1650.* [Sevilla]: Secretariado de Publicaciones de la Universidad de Sevilla.

Donnell, Sidney. 1994. "Clothes make the man: transvestism or the re-dressing of masculine identity in Spanish Golden Age and colonial theatre." Tesis doctoral, University of Pennsylvania. ScholarlyCommons. http://repository.upenn.edu/dissertations/AAI9503750.

———. 1995. "Between night and day: Aurora or the transvestite Achilles in Monroy y Silva's *El caballero dama.*" *Romance Languages Annual* 7: 450-55.

———. 2003. *Feminizing the enemy: imperial Spain, transvestite drama, and the crisis of masculinity.* Lewisburg, PA: Bucknell UP.

Edens, Rosemary. 1951. "An edition of Cristobal de Monroy y Silva's *El cavallero dama.*" Tesina (M.S.), University of Tennessee.

Elliott, J. H. 1986. *The count-duke of Olivares: the statesman in an age of decline.* New Haven: Yale UP.

Escudero y Perosso, Francisco. 1894. *Tipografía hispalense: anales bibliográficos de la ciudad de Sevilla desde el establecimiento de la imprenta hasta fines del siglo XVIII.* Madrid: Sucesores de Rivadeneyra.

Farmer, David Hugh. 2011. *The Oxford dictionary of saints.* New York, NY: Oxford UP.

Feros, Antonio. 1993. "'Vicedioses, pero humanos': el drama del rey." *Cuadernos de historia moderna* 14: 103-31.

Fothergill-Payne, Louise. 2000. "Labyrinthine questions: gender ambivalence and its mythological antecedents in Lope's *El laberinto de Creta* [The Cretan labyrinth] and *La prueba de los ingenios* [Trial by wits]."

Gender, identity, and representation in Spain's Golden Age, ed. Anita K. Stoll y Dawn L. Smith, 61–85. Lewisburg, PA: Bucknell UP.

Garber, Marjorie B. 1992. *Vested interests: cross-dressing and cultural anxiety*. New York: Routledge.

Garnier, Emmanuelle. 2001. "Introducción." *El monstruo de los jardines*, de Pedro Calderón de la Barca y Juan Mayorga, 29–53. Madrid: Real Escuela Superior de Arte Dramático.

González-Ruiz, Julio. 2004. "Poética y monstruosidad: homoerotismo en *La prueba de los ingenios* de Lope de Vega." *Revista canadiense de estudios hispánicos* 29:1, 143-55.

———. 2009. *Amistades peligrosas: el discurso homoerótico en el teatro de Lope de Vega*. New York: Peter Lang.

Grant, Michael. 1986. *A guide to the ancient world: a dictionary of classical place names*. [Bronx, NY]: H.W. Wilson.

Hall, James. 1974. *Dictionary of subjects and symbols in art*. New York: Harper & Row.

Hartzenbusch, Juan Eugenio, ed. 1849. *Las manos blancas no ofenden. Comedias de don Pedro Calderón de la Barca*. Biblioteca de Autores Españoles 12, 3: 279–306. Madrid: Imprenta de M. Rivadeneyra.

Herrera, Fernando de. 1786. *Rimas de Fernando de Herrera*. Madrid: Imprenta Real.

Heslin, P. J. 2005. *The transvestite Achilles: gender and genre in Statius' Achilleid*. Cambridge: Cambridge UP.

Huerta Calvo, Javier. 2003. *Historia del teatro español*. Madrid: Gredos.

Huerta Calvo, Javier, Emilio Peral Vega, y Héctor Urzáiz Tortajada. 2005. *Teatro español (de la A a la Z)*. Pozuelo de Alarcón (Madrid): Espasa.

Kromayor, Astrid. 1987. "Tirso de Molina's *El Aquiles* and Monroy y Silva's *El caballero dama*: a comparison." *Tirso de Molina: vida y obra*, eds. Josep M. Solà-Solé y Luis Vásquez Fernández, 167-74. Madrid: Revista Estudios.

Luna, Lola. 1993. "Introducción." *Valor, agravio y mujer*, de Ana Caro, 9-46. Madrid: Castalia.

Mancing, Howard. 2004. *The Cervantes encyclopedia*. Westport, CT: Greenwood Press.

Mellot, Jean-Dominique, Élisabeth Queval, y Antoine Monaque. 2004. *Répertoire d'imprimeurs/libraires (vers 1500-vers 1810)*. Paris: Bibliothèque nationale de France.

Molina, Tirso de, y Francisco Lucas de Ávila. 1636. *Quinta parte de comedias del maestro Tirso de Molina*. Madrid: Imprenta Real, a costa de Gabriel de León.

Monroy y Silva, Cristóbal de. 1641. *Epítome de la historia de Troya, su fundación y ruina: con un discurso apologético en defensa de su verdad*. Sevilla: Francisco de Lyra.

———. c. 1643. *No hay más saber que saberse salvar*. Manuscrito 016599 de la Biblioteca Nacional de España (Madrid).

———. 1969. *Fuente Ovejuna*, ed. Francisco López Estrada. Madrid: Castalia.

———. 2002. *La batalla de Pavía y prisión del rey Francisco*, ed. Paolo Pintacuda. Pisa: ETS.

O'Connor, Thomas A. 1984. "Sexual aberration and comedy in Monroy y Silva's *El caballero dama*." *Hispanófila* 27.2: 17-39.

Pedraza Jiménez, Felipe B. *Calderón. Vida y teatro*. Madrid: Alianza, 2000.

Perry, Mary Elizabeth. 1990. *Gender and disorder in early modern Seville*. Princeton: Princeton UP.

Peters, John William. 1954. "The dramatic works of Cristóbal de Monroy y Silva: a preliminary survey." Tesis doctoral, Ohio State University.

Pineda Novo, Daniel. 2000. *El teatro de comedias del Corral de la Montería del Alcázar de Sevilla*. Sevilla: Guadalquivir Ediciones.

Real Academia Española. 1992. *Diccionario de la lengua española*. Madrid: Real Academia Española.

Regueiro, José M. 1971. *Spanish drama of the Golden Age: a catalogue of the comedia collection in the University of Pennsylvania Libraries*. New Haven: Research Publications.

Reid, Jane Davidson, y Chris Rohmann. 1993. *The Oxford guide to classical mythology in the arts, 1300-1990s*. New York: Oxford UP.

Ruano de la Haza, José M., y John Jay Allen. 1994. *Los teatros comerciales del siglo XVII y la escenificación de la comedia*. Madrid: Editorial Castalia.

Rubin, Gayle. 1975. "The traffic in women: notes on the 'political economy' of sex." *Toward an anthropology of women*, ed. Rayna Reiter, 157-210. New York: Monthly Review Press. ["El tráfico de mujeres. Notas sobre la 'economía política del sexo.'" *Nueva Antropología*, VIII (30): 1986. 95-145.]

Sáez, Adrián J. 2017. "Juego de tronos: disputas de poder en la comedia de Calderón." *Anuario Calderoniano* 10: 237-53.

Salvi, Marcella. 2017. "Hermafroditismo sociocultural: tradición e innovación en *La prueba de los ingenios* de Lope de Vega." 69.1: 25-43.

Sedgwick, Eve Kosofsky. 1985. *Between men: English literature and male homosocial desire.* New York: Columbia UP.

Simerka, Barbara. 2003. "'War and lechery': *La gatomaquía* and the burlesque epic." *Discourses of empire: counter-epic literature in Early Modern Spain*, de Barbara Simerka, 161–80. University Park: Pennsylvania State UP.

Stoll, Anita K. 1998. "Achilles: gender ambiguity and destiny in Golden age drama." *A star-crossed golden age: myth and the Spanish "comedia,"* ed. Frank A. de Armas, 112-25. Lewisburg, PA: Bucknell UP.

Turner, Jane. 1996. *The dictionary of art.* New York: Grove.

Urzáiz Tortajada, Héctor. 2003. "Monroy." *Historia del teatro español I: de la Edad Media a los Siglos de Oro*, dir. Javier Huerta Calvo, 885–86. Madrid: Gredos.

Vargas-Zúñiga, Lola, Ramón Espejo Romero, Cristina Pérez Sarmiento, y Luz Marina Risoto Ruiz. 2005. *Catálogo de autores dramáticos andaluces.* [Andalucía]: Junta de Andalucía, Consejería de Cultura, Centro de Documentación de las Artes Escénicas de Andalucía.

Voros, Sharon D. 1996. "Lope de Vega's *La prueba de los ingenios* and the feminist debate." *Texto y espectáculo: selected proceedings of the Fifteenth International Golden Age Spanish Theatre Symposium (March 8-11, 1995) at the University of Texas, El Paso*, ed. José Luis Suárez García, 29–38. York, S.C.: Spanish Literature Publications.

Wright, Elizabeth R. 2008. "From Drake to Draque: an Elizabethan hero with a Spanish accent." *Material and symbolic circulation between Spain and England, 1554–1604*, ed. Anne Cruz. Aldershot, UK: Ashgate.

Zugasti, Miguel. 2017. "A vueltas con el género de *La vida es sueño*: comedia palatina seria." *Biblioteca Virtual Miguel de Cervantes.* Alicante, 1-33. http://www.cervantesvirtual.com/nd/ark:/59851/bmcxs7v4

EL CABALLERO DAMA:[*]

COMEDIA FAMOSA

DE DON CRISTOBAL DE MONROY Y SILVA[**]

* *caballero*: *cavallero* A B C D E F G H I M. La vacilación b/v era común en las imprentas de los siglos XVII y XVIII, y se conserva en la ortografía popular hasta el día de hoy. Considérense las entradas en los diccionarios prestigiosos de la época: *cavallero* [cauallero] (Covarrubias 218); *caballero* (*Diccionario de autoridades* 6). En los registros actuales de muchos archivos, el título *El cavallero dama* se encuentra con tanta frecuencia como *El caballero dama*.

** *Cristobal*: *Christoval* A B C D E G H I J K L M; *Cristoval* F. "Cristóbal" y "Cristo" se escribían con "ch" hasta principios del siglo XIX.

Hablan en ella las personas siguientes:[i]

AQUILES, *que lo ha de hacer una mujer con nombre fingido de Aurora*

EL REY [LICOMEDES][ii]

EL DUQUE SEGISMUNDO

POLICARPO, *viejo*

ULISES, *galán*

LA INFANTA DEIDOMIA

DOS DAMAS

PISTOLETE, *criado del rey, gracioso*

PULGÓN, *criado de Aquiles, gracioso*

[MÚSICOS][iii]

[CRIADOS][iv]

[ACOMPAÑAMIENTO][v]

---

i Con respecto al reparto, solamente se notan las diferencias entre la presente edición crítica y la edición príncipe. Para contrastes textuales entre todas las ediciones existentes de *El caballero dama*, consúltese el aparato crítico en el apéndice de la presente edición.

ii *El Rey Licomedes*: *El Rey* A B C D E G H I J K L; *El Rey Licomedes, Galán* M.

iii *Músicos*: omisión A B C D E G H I J K L; *Música* M.

iv *Criados*: omisión A B C D E F G H I J K L.

v *Acompañamiento*: omisión A B C D E G H I J K L.

JORNADA PRIMERA

Ha de haber en el teatro hecho un monte de arrayán y dos puertas a los lados, y salen, habiendo hablado primero dentro a voces POLICARPO, *viejo, y* PULGÓN, *cada uno por su puerta.*

POLICARPO (*Dentro.*) Aquiles.

PULGÓN (*Dentro.*) Hola, Aquiles.

POLICARPO (*Dentro.*) ¿En qué ocultas
grutas del bosque tu valor sepultas?
¿Dónde estás?

PULGÓN (*Dentro.*) ¡Ha del monte,
señor Aquiles!

Salen ahora.

POLICARPO Temo otro Faetonte
infeliz despeñado, 5
en su sangrienta púrpura bañado.

AQUILES (*Dentro.*) Aguarda bruto fuerte;
verás escrita en mi valor tu muerte.

POLICARPO Ya suena entre las peñas
de quien son los lentiscos verdes greñas,° 10
Aquiles.°

10 Los arbustos (*lentiscos*) les sirven de cabellera desordenada (*greñas*) a las peñas y los montes.

11+ La edición de la obra de la Viuda de Orga (el testimonio M) es la única que no hace referencia al sexo del actor que desempeña los papeles de Aquiles y Aurora.

Descúbrese AQUILES, *que le ha de hacer una mujer en traje de caballero de caza, muy galán, la espada desnuda y sangrienta, y viene bajando por el monte hasta llegar al tablado.*

AQUILES ¿Qué me quieres?
POLICARPO Oye, tente.°
AQUILES Tu voz suspende el ánimo valiente;
vida has dado a un león, cuya fiereza
a bramidos asusta esta maleza.
POLICARPO ¿Cómo en el bosque así te has retirado? 15
AQUILES Escuchadme y sabréis lo que ha pasado.
Cuando el mayor farol, que ostenta el cielo,°
lamina al pabellón de terciopelo,
bajaba luminoso y esplend[e]nte°
a calentar las aguas de occidente, 20
y, con dudosa luz que se extinguía,
la postrer boqueada daba el día,
entre las rocas de ese altivo monte,
Polifemo inmortal de este horizonte,
pues tan altivo sube, 25
que una encarnada nube
la frente le atraviesa,
y sirve de turbante a su cabeza,
seguí un espín, que con ventaja huía,°
pues él volaba cuando yo corría, 30
hasta que ya acosado,
sobre un risco hace rostro fatigado,
y valeroso en suma,
lleno el bozo de espuma,
presuroso el aliento, 35
intenta a soplos encender el viento,
y amenazando con igual porfía,
las buidas espinas prevenía;

11 *tente*: es el imperativo informal de "tenerse" con el sentido de "Detente tú."

17 *el mayor farol*: metáfora barroca que alude al sol.

19 *esplendente*: *esplendiente* en todas las ediciones.

29 Se destaca aquí la juventud de Aquiles. Un espín puede servir de presa imaginaria a niños y adolescentes, no a los cazadores adultos.

y con fatal recato,
embargando el aliento por un rato, 40
tantas flechas dispara de sí mismo,
que en cada una tira un paroxismo,
dando el cuerpo valiente
arco, flecha, y aljaba juntamente.
Yo, armado de valor y de cautela, 45
embrazo la rodela,
donde el espín, que osado me embestía,
trasladó las espinas que tenía,
y la rodela en tan confusa calma
pasó plaza de espín, aunque sin alma. 50
Corté al bruto la bárbara cabeza,
pero fue con tan súbita presteza,
que aun antes de matalle
había rodado la cabeza al valle,
y como el golpe fue tan de repente, 55
mezclado entre la púrpura caliente,
el cuerpo, que quedaba en la maleza,
no sabía si estaba sin cabeza;
y la cabeza, que en el valle andaba,
aún no sabía que sin cuerpo estaba. 60
Matelo apenas, cuando
vi un león en el monte, que encrespando
la tostada melena,
espuma va sembrando por la arena;
miró la sangre, con que aqueste acero 65
el monte regó fiero,°
tanta, que cuando el monte la vertía,
que la sudaba a gotas parecía;
suspendiose, embestile,
huyó veloz, seguile, 70
tu voz escucho, mi rigor prefieres,
dejo la empresa, y vengo a ver qué quieres.

Policarpo Ya sabes, heroico joven,
ya sabes, ilustre Aquiles,
de quien las doradas trompas 75

66 Según el joven, la muerte violenta del espín salpicó el monte con sangre.

celebran la noble estirpe,
como tu madre la diosa
Tetis (que Mágica mide°
el veloz curso a los astros
en las esferas sublimes, 80
tiranizándole al tiempo
su jurisdicción, le oprime
a que los futuros hados
presentes los anticipe,
por cuya ciencia en estatuas 85
le solemnizan sutiles,
de Lisipo los cinceles,°
de Timantes los matices)
alcanzó por las estrellas
que serías invencible, 90
honor de Grecia, y asombro
de sus victoriosas lides.
Pero que en la más sangrienta,°
que Grecia y Troya aperciben,
morirías, eclipsando 95
tus florecientes abriles.
Temió turbada la diosa
tus malogros infelices,
sobre lienzos de esmeralda
llorando lágrimas tristes. 100
Mandome llamar a mí,
que soy de tu padre insigne
el rey Peles, como sabes,
tío, a quien piadosa pide,

---

78 *Mágica*: Monroy y Silva emplea la palabra como alegoría o personaje. Considérese el protagonista titular de la comedia *El mágico prodigioso* de Pedro Calderón de la Barca (1637).

87-88 *de Lisipo... / de Timantes...*: Monroy y Silva sigue la tendencia poética de su época de emplear abundantes referencias a los clásicos griegos y romanos. En la primera jornada de *La vida es sueño* de Pedro Calderón la Barca (1635), Basilio pronuncia los siguientes versos: "[P]ues, contra el tiempo y olvido, / los pinceles de Timantes / los mármoles de Lisipo, / en el ámbito del orbe / me aclaman el gran Basilio" (1992 I: 607-11). Para más información, véase el glosario.

93 *la más sangrienta*: léase "la más sangrienta guerra."

que ejecute sus designios, 105
y sus ahogos alivie.
Mandome que te trajera
a España, a quien como viste,
nuestra nación soberana
señorea, manda, y rige. 110
Es costumbre introducida
en los monarcas, que asisten
hoy en España, guardar
en un alcázar sublime
sus hijas, hasta casarlas, 115
donde otras damas las sirven
retiradas del peligro,
con que en las cortes se vive.
En un alcázar de aquestos
me manda que a estar te obligue 120
en el hábito de dama,
mudando el traje que vistes.
Tus pocos años, que ahora
apenas llegan a quince,
la candidez de tu rostro, 125
con quien la nieve compite,
y la dorada madeja,
que ondea el viento apacible
esta forzosa cautela,
disimularán que finje 130
la diosa, porque tu vida°
no en las batallas peligre.
Estas montañas que huellas
son de Europa los confines;
esta es Lusitania, aquella° 135

131 *porque*: esta contracción combinada con el subjuntivo tiene el sentido moderno de "para que."

135 *Lusitania*: "Una parte de España, comprendida desde el río Duero hasta Guadiana" (Covarrubias 722). También fue una provincia romana al oeste de la penínula ibérica que hoy corresponde a los territorios de Portugal y Extremadura (España).

Mérida, ciudad insigne,°
cuyas plantas los cristales,
que en crespas ondas repite
ese dilatado río,°
ruidosos besan, si humildes. 140
Aquí reina Licomedes;
aquí en un palacio vive
Deidomia, su hermana, hermosa
más que Febo cuando esgrime
sus rayos de rosicler 145
en carrozas carmesíes.
Aquí pues, fingiendo ser
mujer, valeroso Aquiles,
has de llegar y mentir
sucesos que te acrediten. 150
Esto importa: considera
que a ejecutar, sólo vine
desde Grecia, este precepto
de la diosa; no repliques,
pues más lágrimas le cuesta 155
a Tetis tu ausencia triste
que el Ganges desata en perlas,
que el Hermo en cristales mide,°
que el Nilo arroja en diamantes,
y en aljófar vierte el Tíber.° 160

AQUILES
¡Válgame dios, Policarpo!
¡Ay de mí! ¿Cómo es posible
que mi valor disimulen
afeminados melindres?

POLICARPO
Sobrino, aquesto es forzoso; 165

---

136 *Mérida* (Emérita Augusta): capital de Lusitania, provincia romana al oeste de la península ibérica.

139 *río*: el río Guadiana.

158 *Hermo*: nombre antiguo para el río Gediz (Grant 1986, "Hermus," 289). El Hermo atraviesa Anatolia (Turquía) y desemboca al sur de las ruinas de Troya en el mar Egeo (Mediterráneo).

160 *Tíber*: "Es río famoso que corre en Italia y pasa por Roma, y entra en el mar Mediterráneo por Ostia" (Covarrubias 919).

ya no hay remedio.

AQUILES ¡Qué obligue
la paternal obediencia
a bajezas tan humildes!

PULGÓN Notable cosa será
ver trocado en dama a Aquiles; 170
estamos aquí en Italia°
que, porque un hombre se libre
de los peligros tal vez,
¿mujer le importa fingirse?

AQUILES Yo, que lucho con un oso, 175
yo, que desbarato un lince,
yo, que sujeto a un león,
y yo, que desmiembro un tigre,
¿en traje de mujer? ¡Cielos!
¡Parece cosa imposible! 180

POLICARPO Sobrino, dame la espada,
y vamos donde vestirte
podrás de dama.

AQUILES No quiero
dejar el acero insigne,
¡vive Júpiter!

POLICARPO Acaba. 185

Quítale la espada.

¡Suelta la espada que ciñes!
¡Qué necedad!

AQUILES Adiós, hoja,
donde mi valor escribe
con tinta de sangre triunfos,
que inmortales le acrediten; 190
adiós luciente cuchilla,
rayo de Marte sublime.

POLICARPO Dame la daga.

---

171 *Italia*: uso metonímico para hablar del Imperio romano.

AQUILES Dejadme
esta daga, donde libre
el corazón desahogos. 195

POLICARPO ¿No adviertes que descubrirte
puede?

AQUILES Yo la esconderé,
adonde nadie la mire.

Esconde la daga.

¿No basta que sin la espada
me dejes? ¡Caso terrible! 200

PULGÓN Dama has de ser, rufiana.

POLICARPO El gusto de Tetis sigue:
vamos adonde te vistas,
que yo a Troya he de partirme,
en disponiendo la traza, 205
con que al rey has de encubrirte.

AQUILES Lo que más siento es dejar
la espada.

POLICARPO Ven a vestirte.

Vanse, y salen SEGISMUNDO, *Duque, y la* INFANTA DEIDOMIA, *cada uno por su puerta.*

SEGISMUNDO Plantas de este jardín, donde la aurora
con mudas quejas dulce aljófar llora, 210
y matizadas de colores rojas,
os vestís más de aves que de hojas,
cuando muere a porfía,
agonizando en oro y grana el día;
bello teatro, a quien el sol ardiente 215
corona las almenas de tu frente;°
alcázar soberano,

216 *almenas*: el cuerpo de la amada es como una fortaleza o castillo. Como es infanta, podría llevar corona y, según la metáfora arquitectónica, es como si tuviera el coronamiento dentado de los muros (*almenas*) en la frente.

de una deidad divina, albergue humano,
que cuando adorna el monte,
más ceñida de rayos que Faetonte,° 220
con hermoso decoro
la nieve abrevia y suelta al viento el oro;°
y porque el orbe, si es Apolo, duda,°
riza madeja en crespas ondas muda:
yo, firme amante, con fineza tanta, 225
adoro tierno a la divina infanta,
que con mi vida esquivo,
no vivo en mí porque en sus ojos vivo.

INFANTA Fuentes de este jardín, que transparentes
bañáis sonoras flores diferentes, 230
siendo vuestros arroyos por galantes
sendas de nieve, sierpes de diamantes;
odoríferas flores,
que huyendo de la noche los rigores,
cuando su rosicler el cielo pierde, 235
os embebéis en el capullo verde,
hasta que el sol dorado
vuelve a teñir de su color el prado;
yermo inmortal, cuya cerviz ufana
ignora huella humana, 240
porque tan alto subes
que en ti se acuestan las cansadas nubes,
cuyos claros cristales son espejos,
donde compone el cielo sus reflejos;
sabed, y sepa el mundo, 245
que adoro dulcemente a Segismundo,
cuyo valor prefiero,
en mí no vivo, y en su ausencia muero.

---

220 La amada es rubia. Su cabellera brilla como los rayos de sol.

222 Al amanecer, la amada se cubre la piel blanca del cuerpo y se suelta la hermosa cabellera.

223-24 El tono lírico de los versos de Segismundo es típico de la poesía de la época. Como el mundo (*el orbe*) no puede determinar si la amada es o no el dios-sol (*Apolo*), ella se peina y alisa la rubia cabellera silenciosamente (*muda*), mostrando así que su belleza no es la del hermoso y rubicundo Apolo sino la de la infanta, que semeja una deidad divina.

SEGISMUNDO Infanta.

INFANTA Duque.

SEGISMUNDO Señora.

INFANTA ¿A qué vienes? ¿Dónde vas? 250
¿Cómo en mi presencia estás?

SEGISMUNDO ¿Pues eso tu ingenio ignora,
si eres de este campo aurora,
y hoy sales a ser su encanto?
Mis ojos, que lloran tanto, 255
por fuerza te han de asistir,
que nunca suele salir
la aurora al campo sin llanto.

INFANTA ¿Pues por qué lloras, mi bien,
cuando tu amor favorezco? 260

SEGISMUNDO Porque tu gloria merezco,
porque vivo sin desdén,
no quiero que al pecho den
lágrimas triste lugar;
porque llegando a gozar 265
tu favor, en tu memoria
tenga solo el pecho gloria,
y arroje de sí el pesar.
El rey, tu hermano, señora,
viene a tu palacio a verte, 270
para lograr de esta suerte
la dicha de quien te adora.

INFANTA Escucha.

SEGISMUNDO No puedo ahora,
que llega ya; de un papel
sabrás mi pena cruel. 275

INFANTA Pues vuelve a verme esta tarde,
cuando al sol el mar aguarde
en su cerúleo dosel.

Sale el REY, *y quédase el* DUQUE, *y con el* REY
salen dos DAMAS *y* PISTOLETE.

Rey — Deidomia hermana.
Infanta — Señor.
Segismundo (*Aparte.*) — (¡Qué peregrina belleza!) 280
Infanta — Mucho estimo esta fineza.
Rey — Es indicio de mi amor.
Infanta — Y soberano favor.
Rey — Triste estoy; por aliviar
los cuidados y el pesar, 285
vine a verte, pues tus ojos
las sombras de mis enojos
podrán con su luz borrar.
Infanta — Los favores que me dan
tu ingenio y valor es llano, 290
que más que amores de hermano,
son lisonjas de galán;
si los músicos podrán
divertir tanta tristeza,
dé licencia vuestra alteza, 295
vendrán en esta ocasión.
Rey — Obedecer es razón
tu peregrina belleza.

Salen Músicos, *y cantan.*

[Músicos] — En dos lucientes estrellas,°
y estrellas de rayos negros, 300
dividido he visto al sol
en breve espacio de cielo.
Las formas perfilan de oro
milagrosamente haciendo,
no las bellezas oscuras, 305
sino los oscuros bellos.
Aquiles (*Dentro.*) — Dejadme entrar.

---

299 *Músicos*: *Músic*[*os*] J K L; *Cant*[*antes*] A B C D E F G H I; *Música* M.

REY ¿Qué es aquesto?

SEGISMUNDO Una mujer que se queja.

AQUILES ¡Ay de mí!

Sale AQUILES *en traje de dama, suelto el cabello, sin chapines, arrastrando la ropa, en la mano siniestra un lenzuelo con sangre, en la derecha una daga, y el rostro salpicado de sangre, y* [*sale*] PULGÓN.°

REY ¿Mujer, quién eres?

AQUILES Escúcheme, vuestra alteza, 310
si mis dolores permiten,
que angustiosa los refiera.
Invicto rey Licomedes,
ilustre, y bella princesa,
cuyo valor y hermosura 315
la fama inmortal celebra.
Sabed, nobles y piadosos,
las ansias que me atormentan,
si con mi llanto os obligo
a que escuchéis mi tragedia. 320
Para ser de la fortuna
blanco infeliz, nací en Grecia
de ilustre y noble prosapia,
celebrada en las riquezas;
que en el lienzo donde pintan 325
el valor y la nobleza,
son los retoques del oro
los que más la hermosean.
Dio un caballero en amarme
con dulces estratagemas, 330
a costa de mi recato,
sin que jamás mereciera
mirarme, que por la fama
me sirve y me galantea;
aunque no fue necesario 335
que para amarme me viera,
porque soy muy desgraciada,

309+ *sin chapines*: Descalzo, sin calzado.

y él tuvo por cosa cierta,
que siendo tan infeliz,
era forzoso el ser bella.° 340
Un día, que me siguió,
me habló en la margen amena
de un arroyo (donde yo
trocaba flores por perlas)
con amantes bizarrías, 345
con cariños y cautelas,
con promesas y requiebros,
con lisonjas halagüeñas.
El fuego de amor entró
en mi pecho por las puertas 350
de [l]os sentidos, y el alma°
me abrasó la llama inquieta.
El incendio de su amor
me venció porque se advierta
que es en los griegos costumbre 355
que siempre con fuego venzan.
Supo nuestro amor mi padre,
y una noche, cuando apenas
el astro más inconstante
plateaba las esferas, 360
me vino a ver Segismundo;
tratamos que en una aldea
me hablara el siguiente día,
donde unas quintas y huertas,
suavemente adornadas 365
del imperio de Amaltea°
y del tesoro de Flora,
templaban del sol la fuerza.
Oyó mi padre el concierto,

339-40 Al no haber visto a Aurora con anterioridad, el caballero se enamoró a primera vista y se puso muy triste. Según la lógica del amor cortés, la tristeza le sirvió para comprobar la inevitable belleza de Aurora. Si ésta no fuera hermosa, él no se habría enamorado de ella y la separación no lo habría hecho infeliz.

351 *los*: *dos* A B C D E G H I.

366-67 *...Amaltea* / *...Flora*: estos versos de Monroy y Silva enfatizan la abundancia y la fecundidad. Véase el índice de nombres para más información.

y con celosa prudencia, 370
de parientes asistido,
se ocultó en una arboleda.
Llegó Segismundo al prado
coronado de violetas,
como Narciso a las fuentes, 375
como Adonis a las selvas.
Saludome, respondile,
y cuando con mil ternezas
de su malogrado amor
me encarecía las penas, 380
salió mi padre, y los suyos,
donde le hieren y cercan,
sin que al rigor de sus armas
bastara su resistencia.
Fueron las espadas plumas, 385
que en el papel de la hierba,
con sangre viva escribieron
mi dolor y sus ofensas.
Fuéronse dejando herido,
o difunto en la apariencia, 390
a mi amante; yo turbada
(la voz helada en la lengua,
sin su color el semblante,
sin sentimiento las penas,
que ya de puro sentirlas 395
faltaba el sentido en ellas,
amenazando en los pulsos
mortales intercadencias)
le miré, viendo en el prado
testigo de mi tragedia; 400
aquí un jazmín, que nació
blanco y carmesí, se acuesta;
allí un clavel, que embargando
toda la púrpura, intenta,
reduciéndose a capullo, 405
no ver la muerte tan cerca.
Aquí con tantas espinas

una rosa (que sospech[a],°
que habiendo nacido blanca,
el rojo color que ostenta 410
es sangre que las espinas
le han hecho, picando en ella,
y acechando entre unas ramas,
que por menudas y secas
le sirven de celosía) 415
se asomó a mirar mis penas.
Llora allí una fuente aljófar,
canta allí un pájaro endechas,
y sienten tanto del joven
el prado y flores las quejas, 420
que una azucena se puso
debajo de unas violetas,
como que allí les pedía
prestado el color a ellas,
para vestirse de luto 425
y no salir a la selva
vestida de blanco en día
de tan mortales tristezas.
De la pausa de la vida
volvió suspirando apenas 430
cuando los dos nos partimos,
no sin recelo, a una aldea.
Resucitó mi esperanza,
curose mi esposo en ella,
y libre ya del peligro 435
de las heridas sangrientas,
al puerto me llevó, donde
fletó una nave ligera
para buscar en España
alivio a tantas tristezas. 440
Navegamos felizmente,
pero la fortuna adversa,
una tarde oscura y triste,
trocó la calma en mareta.

408 *sospecha*: *sospechan* A B C D.

Ásperos soplos dilata 445
el bóreas, cuya fiereza
incita al mar con bramidos,
a que escalando la esfera,
en el azul globo choquen
los montes de sal que alienta. 450
El navichuelo turbado,
que fue movediza selva,
inquieto escollo del charco,
entre cuyas olas crespas,
aquí un páramo de nieve 455
le arroja, y allí le vuelca.
Un obelisco de espumas
pierde, rompe, y desconcierta
árbol, trinquete, mesana,
proa, timón, beque, cuerdas, 460
mástiles, gavias, bolinas,
trizas, quilla, bombas, velas,
porque tan alto le arrojan
del mar las salobres [s]ierras°
que en el cielo arbolar pudo 465
sus destrozadas banderas.
Pues el fanal, que apagado
subió a un golpe de tormenta,
bajó encendido, y pensaron,
que soplando su pavesa, 470
le encendió el viento, y no fue
sino que viéndole cerca,
porque sin luz no bajara,
allá le encendió una estrella;
y se confirmó después, 475
que remontado a la esfera,
llegó a la región del fuego
donde le quemó las velas,
y cuanto en lienzo subió
volvió a descender en yesca. 480
Alijaron el navío,

464 *sierras*: *tierras* A B; *fieras* G H I J K L M.

arrojando plata, y prendas
de valor, y sosegose
el mar, porque las riquezas
le sirvieron de soborno, 485
para aplacar la tormenta.
Pasamos diversos puertos
hasta mirar las almenas
de tu ciudad invencible;
desembarcamos en ella 490
anoche, y unos bandidos,
sobre robarnos por fuerza,
porque valiente mi esposo
se apercibió a la defensa,
le dieron muerte (¡ay de mi!) 495
tan cruel (¡qué amarga pena!),
tan rigurosa (¡qué ahogo!),
que bañando (¡qué tristeza!)
con sangre (¡o cielos!) el suelo,
(¡qué dolor!) siembr[a] la arena° 500
de púrpura, y esta daga
(¡válgame el cielo!) sangrienta,
por la nieve de su pecho°
tantas veces la atraviesan,
que mis ojos (¡ay de mí!)... 505

Cae desmayada, y recógenla las DAMAS *y* SEGISMUNDO.°

REY ¡Notable mujer!

INFANTA Y bella.

REY ¡Qué lastimosa desgracia!

---

500 *siembra*: *siembran* A B C D. Es decir, la sangre de las heridas del hombre mancha la orilla del río (*siembra la arena*).

503 nieve: metáfora barroca para la piel.

505+ La edición de la Viuda de Orga (M) emplea el género masculino en las acotaciones, por ejemplo: "*Cae desmayado, y recógenle las Damas y Segismundo.*" De esta manera, los editores reproducen el género masculino de Aquiles en lugar del género femenino de su identidad travestida, Aurora. Es probable que este cambio en la didascalia coincida también con una predilección por un actor masculino en los papeles de Aquiles y Aurora.

PULGÓN	(*Aparte.*)	(¡Qué bien fingida cautela!)	
REY	[*Aparte.*]	(Muerto me tienen sus ojos.)	
INFANTA		Con el calor de la pena humedece las mejillas, sudando aljófar y perlas.°	510
REY	(*Aparte.*)	(No he podido resistir el corazón a las flechas, que sus celestiales ojos disparan a mis potencias.) Primo, ponedla en la silla hasta que en su acuerdo vuelva.	 515
INFANTA		Su hermosura, y su donaire me han obligado a que sienta como propia su desgracia; traed agua.	 520
DAMA I		Yo voy por ella.	

Vase.

REY		¿Y tú, quién eres?	
PULGÓN		Señor, testigo de esta tragedia soy, y criado de Aurora.	 525
REY		Bien merece su belleza ese nombre.	
PULGÓN		¡Gran desdicha!	
REY		¡Qué bien pintó la tormenta!	
PULGÓN		Pues no dijo la mitad de lo que sucedió en ella, que se le olvidó decir que, cuando el mar con soberbia se levantaba a las nubes, se descubría la arena,°	 530

---

512 Aurora-Aquiles llora.

534-38 Pulgón exagera el cuento de su ama-amo de manera cómica. De acuerdo con Aurora-Aquiles, "Alijaron el navío, / arrojando plata..." (vv. 481-82). Entre otras

en cuyas guijas el hierro 535
de tiros y [de] herramientas°
lumbre encendió, y con las tablas
se hizo tan gran candela
que hirvió el mar, y sus peces
se cocieron, que fue fuerza; 540
y como luego alijando
la nao, arrojamos fuera
pipas de aceite y vinagre,
cocido el pescado en ellas
se descubrió, y quedó el mar 545
hecho una venta en cuaresma.

PISTOLETE Parece que el tal criado
también mi oficio profesa.

PULGÓN Bien destrozados y rotos
nos derrotó la tormenta. 550

REY Di que te den dos vestidos.

PULGÓN Beso el polvo de la tierra
donde el lino se sembró,
de quien hilaron las viejas
el hilo para coser 555
los zapatos de tu alteza.

Trae agua una DAMA, *y rocíanla.*

INFANTA Ya volvió en sí.

REY No eclipséis
la luz de vuestra belleza,
que estará nublado el día
si sale su Aurora enferma. 560
Buscaré los alevosos
autores de vuestra pena,

---

cosas, según Pulgón, también arrojaron las municiones (*tiros*) y *herramientas* del barco (v. 536). Cuando el *hierro* hizo contacto con los pedernales (*guijas*, v. 535) en el fondo del mar (cuando *se descubría la arena*, v. 534), hubo chispas (*lumbre*, v. 537) que encendieron un gran fuego (*candela*, v. 538).

536 *de*: omisión A B.

porque en ejemplar castigo
los escarmientos se adviertan.
Y en tanto que disponéis 565
partiros, daréis licencia
que mi hermana os acompañe,
y vuestro dolor divierta.
Este alcázar retirado
de mi palacio [la] alberga,° 570
donde con sus damas solas,
hijas de la diosa Vesta,
vive, y podrán sus jardines
aliviar vuestras tristezas.

AQUILES Por tan singular favor, 575
los pies beso a vuestra alteza.

INFANTA Aficionada os estoy.

AQUILES Guarde el cielo tu belleza,
señora, por honra tanta.

REY Hermana, a tu diligencia 580
fío su amparo.

INFANTA Soy tu esclava.

AQUILES (*Aparte.*) (La hermosura, ingenio, y prendas
de la infanta me han rendido;
quiera dios que por bien sea.)

REY Adiós, infanta.

INFANTA Él os guarde. 585

REY (*Aparte.*) (Alma traje, y voy sin ella.)

Vanse por una puerta el REY *y* SEGISMUNDO, *por otra la* INFANTA, AQUILES *y las* DAMAS, *y quedan* PISTOLETE *y* PULGÓN.

PISTOLETE Venga acá. ¿Cómo se llama?

PULGÓN Pulgón.

PISTOLETE ¿Y es también de Grecia?

PULGÓN Sí, señor.

---

570 *la*: *se* sólo en la edición príncipe (A).

PISTOLETE ¿Qué oficio tiene?

PULGÓN Servir.

PISTOLETE Pues oiga y advierta 590
que yo solo soy ministro
de la risa de su alteza;
no mi oficio tiranice,
ni asista a la real presencia,
porque si a bufón se mete 595
le romperé la cabeza.
¿Por qué el rey había de darle
vestidos?

PULGÓN Esa pendencia
ríñala usté con el rey.

PISTOLETE Es un villano, una bestia. 600
¿Ha entendido?

PULGÓN Sí, señor.

PISTOLETE Y por Júpiter, si llega
a mi noticia que había
alguna chanza de aquellas
con el rey, ni entra en palacio, 605
que he de sacarle las muelas.
¿Sabes quién soy?

PULGÓN Sí, señor.

PISTOLETE ¿Quién soy?

PULGÓN Barbero.

PISTOLETE ¿Qué intentas,
cobarde, cuando te atreves
a decir tal desvergüenza? 610
Yo soy Pistolete, ¿entiende?
Y si habla, o se menea,
le daré cinco estocadas
de una vez.

PULGÓN ¿Con qué?

PISTOLETE Con esta
mano, hincándole los dedos 615
por su barriga grosera.

PULGÓN ¡Qué largas uñas tendrá!

Sale SEGISMUNDO.

SEGISMUNDO Hola.

PISTOLETE Segismundo es.

SEGISMUNDO Venga,
que lo llama el rey.

PISTOLETE Ya voy.
¿Ve cómo me estima y precia 620
el rey a mí, y con su primo
me llama a su sala mesma?
¿Velo? Pues enhoramala
se quede, que es una bestia.

SEGISMUNDO No os llama a vos, sino al otro; 625
venid luego, que os espera
su majestad.

Vase.

PULGÓN Ya obedezco.
¿Quiere usté darme licencia
para ir a hablar al rey?

PISTOLETE Vaya, pero al punto vuelva.° 630

---

630 Una de las variantes del testimonio B (BmL) merece nuestra atención. La suelta B se distingue de las demás versiones impresas por la extensión del primer encuentro conflictivo entre los graciosos Pulgón y Pistolete. En vez de hacerlo salir del escenario, dejándole a Pistolete la última palabra, "Vaya, pero al punto vuelva" (v. 630), se le otorga a Pulgón un breve parlamento adicional de 6 versos:

¡Volveré cuando quisiere!
¿[P]ues ve que me estima, y precia
el rey a mí, y con su primo
me llama a su sala mesma?
¿Velo? Pues enhoramala
se quede, que es una bestia.

El primer verso es una respuesta que contradice el mandato de Pistolete (v. 630), y la palabra "pues" sirve de transición para que Pulgón repita de manera paródica las palabras anteriores de su rival (vv. 620-24). Es posible que el cambio sea un error de la

Vase Pulgón.

Pistolete

Muriéndome estoy de envidia,
que si este a privar empieza,
me ha de quitar mi provecho;
escondido en esta puerta
veré lo que el rey le quiere. 635

Escóndese, y sale[*n*] *el* Rey *y* Segismundo.

Rey

¿Qué libertad no venciera
aquel rostro, Segismundo,
donde la naturaleza
mezcló nacaradas rosas,
los jazmines, y azucenas? 640
Aquellos labios hermosos,
donde cándidas se ostentan
en dos listones de grana°
ensartadas veinte perlas.
Aquel salpicado acero° 645
escusado, pues pudiera
con sólo los de sus ojos
hacer a las almas guerra.
Retrato fue de Cupido,
y porque al vivo lo fuera, 650
para cubrirse los ojos
sirvió el desmayo de venda.
Entrad en mi cuarto, primo,
y el cuidado que me cuesta
escribidla en un papel. 655

Segismundo

Ya obedezco.

Rey

Aunque las letras
podrán formar las razones,

---

casa editorial, pero la repetición también resulta cómica. Por lo tanto, me pregunto si el parlamento adicional proviene de una representación pública de la obra.

643-44 El rey elogia la hermosa dentadura de Aurora (Aquiles), específicamente, el conjunto de sus encías (*dos listones de grana*) y dientes (*ensartadas veinte perlas*).

645 *acero*: la daga con la cual salió Aurora-Aquiles al escenario.

		mas no formarán las penas.	
SEGISMUNDO		En escribiendo el papel, ¿ha de firmar vuestra alteza?	 660
REY		No, que amor es liviandad, aunque a los reyes se atreva, y es flaqueza; y un rey, primo, no ha de firmar sus flaquezas.	

Vase SEGISMUNDO, *y sale* PULGÓN.

PULGÓN		Tu primo, señor, me dijo que me llamabas.	665
REY		Espera, ¿no eres criado de Aurora?	
PULGÓN		Sí, señor.	
REY		¿Está ya buena?	
PULGÓN		Aunque no enjuga los ojos, mejor parece que queda.	 670
REY		Por lo que tiene de Aurora, es fuerza que llore perlas. ¿Cómo te llamas?	
PULGÓN		Pulgón, que bebo con tal destreza, que aun antes de tener uvas, doy pesadumbre a las cepas.	 675
REY		¿Sabrás guardar un secreto?	
PULGÓN		Aún no he hecho la experiencia.	
REY		Un papel has de llevarle a Aurora, sin que se entienda.	 680
PULGÓN		Es gran favor para mí servirte.	
PISTOLETE	(*Aparte.*)	(¡Quién tal creyera!)	
PULGÓN	(*Aparte.*)	(Perdido está el rey por él.)	

Sale SEGISMUNDO.

SEGISMUNDO Ya está escrito; tú le enmienda.

Lee el REY *aparte.*

PULGÓN (*Aparte.*) (En gran peligro está Aquiles 685
si Apolo no lo remedia.)

PISTOLETE (*Aparte.*) (¡Hay suceso semejante!
No fue vana mi sospecha;
yo le quitaré el papel.)

REY Bueno está; ponedle oblea, 690
y dádselo a ese criado;
quien tiene amor no sosiega;

Dale SEGISMUNDO *el papel a* PULGÓN.

llevadle a Aurora y decidla
que hoy aguardo la respuesta.

Vanse el REY *y* SEGISMUNDO, *y sale* PISTOLETE *y detiene a* PULGÓN.

PISTOLETE Téngase. ¿Dónde va el tonto? 695

PULGÓN Voy a lo que el rey me ordena.

PISTOLETE Deme el papel que le dio;
o con esta daga mesma.

PULGÓN ¿No es e[x]cusada la daga,°
teniendo dedos, que puedan 700
dar cinco estocadas juntas?

PISTOLETE Deme el papel, y no quiera
morir al lance primero.

PULGÓN ¿Hay bobada como aquesta?

PISTOLETE Suelta, villano.

Sale[n] el REY *[y* SEGISMUNDO*].*°

---

609 *excusada* L: *escusada* en las demás ediciones.

705+ *y Segismundo*: omisión A B C D E F G.

REY ¿Qué es esto? 705

PULGÓN Señor, Pistolete intenta
quitarme un papel, que ahora
dice él, que me dio tu alteza.

PISTOLETE ¿Yo? No hay tal.

REY Primo.

SEGISMUNDO Señor.

REY Haced colgar de una almena 710
a Pistolote.

PISTOLETE ¡Señor,
misericordia, clemencia!

SEGISMUNDO Por loco tiene disculpa.

PULGÓN Aunque mi enemigo sea,
te ruego que le perdones, 715
gran señor.

REY Salte allá fuera;
vete luego de palacio;
no vuelvas a mi presencia,
que te mandaré ahorcar,
si vuelves donde te vea. 720

Vanse.

PULGÓN Las de usté, seor Pistolete.°

PISTOLETE ¡Vive el cielo!

PULGÓN Bien pudiera
disparar con el enojo.
(*Muy grave.*) Oye, sálgase allá fuera,
que lo mandaré ahorcar 725
si vuelve donde le vea.

---

721 Pulgón apela a un pronombre posesivo para indicar que algo pertenece a su rival ("Son suyas, señor Pistolete"). Sin embargo, el referente no es obvio, y no hay acotaciones escénicas. Como Pistolete acaba de cometer un grave error en presencia del rey, es posible que el actor que desempeña el papel de Pulgón se toque la sien con el dedo índice para enfatizar las locuras, necedades o tonterías de su rival.

PISTOLETE Sin seso voy; yo estoy loco.

Vase.

PULGÓN Pues no ha de ser sola aquesta,
que he de hacerle dos burlas
en venganza de mi ofensa. 730

[*Fin de la primera jornada.*] °

730+ *Fin de la primera jornada*: Omisión en todas las ediciones.

JORNADA SEGUNDA

Sale AQUILES *en traje de dama, y* [*sale*] *la* INFANTA *muy triste.*

AQUILES ¿No te divierten, señora,
las flores de este jardín,
cuyas listas de carmín
son matiz de sus colores?
¿No te entretienen las aves 735
que, con música sonora,
cantan la salva a la Aurora
dulces, tiernas, y suaves?
¿No los arroyos galantes,
cuyas corrientes nativas, 740
ya sobre esmeraldas vivas,
culebras son de diamantes?
¿Ni el ver desde los balcones
—que con tu vista enriqueces—
la república de peces 745
que su[r]can tus galeones,°
donde con ímpetu igual
(al peinar cerúleas plumas,
fabricando el mar espumas)
troncha riscos de cristal? 750
¿Qué triste melancolía
tus desahogos prefiere,
desde que la noche muere
hasta que recuerda el día?

INFANTA No sé, Aurora, estoy sin mí; 755

746 *surcan*: *sulcan* A B.

es mi dolor tan cruel,
que ignoro la causa de él,
cuando por él me perdí.

Aquiles ¿Amas?

Infanta Tengo al duque amor;
mas desde que tú viniste, 760
Aurora, como estoy triste,
se ha [a]minorado el ardor.°

Aquiles ¿A tu primo adoras?
(*Aparte.*) (¡Cielos!
¿No basta amor? ¡Qué pesar!
Los celos me han de acabar; 765
¿Mas cuándo hay amor sin celos?)

Infanta ¿Creerás, Aurora, que tengo
celos de mi hermano?

Aquiles (*Aparte.*) (¿Estoy
muerto si diré quien soy?
¡A infeliz estado vengo! 770
Del rey vivo perseguido,
de la infanta enamorado,
de mis celos desvelado,
y de mi amor afligido.
Para la infanta rodeo 775
mi amor, por disimulallo,
pues si le descubro, hallo
imposible mi deseo.
Para el rey busco desdén,
mas vénceme su favor; 780
pues diste la causa, Amor,
dame el remedio también.)

Infanta ¿Hate hecho el rey, mi hermano,
otro favor?

Aquiles Sí, señora.

Infanta Todo lo merece, Aurora, 785
ese rostro soberano:

762 *aminorado*: *minorado* A B C D E F G H I L M.

¿Qué ha sido?

AQUILES — Aqueste papel.

Saca un papel.

INFANTA — ¿Y escribe muchas ternezas?

AQUILES — Mil amorosas finezas
vienen cifradas en él. 790

Mira la INFANTA *el papel, y túrbase.*

INFANTA — Engaño, Aurora, hay aquí:
esta es letra de mi amante;
él rendido, si inconstante,
te adora sin duda a ti.

AQUILES — Segismundo no me ha hablado, 795
señora, ni yo le he visto.
(*Aparte.*) (En vano, ¡ay cielos!, resisto
este celoso cuidado.)

INFANTA — Es contra el decoro y ley,
y es causarle al rey enojos 800
que ponga el duque los ojos
donde los ha puesto el rey.

AQUILES — De los celos que te di
me pesa.

INFANTA — En esta quimera
no siento que no me quiera, 805
sino que te quiera a ti.

Sale [SEGISMUNDO].°

SEGISMUNDO — El rey mi señor, señora,
a verte ha llegado ya.

806+ *Sale Segismundo*: las acotaciones escénicas de la edición príncipe se contradicen. Según ésta y todas las ediciones posteriores, *Sale un Criado* al tablado. Sin embargo, en lugar del criado, habla Segismundo, a pesar de que no estaba presente durante la escena anterior.

INFANTA Por verme a mí no será,
que será por ver a Aurora. 810
Amiga, aguárdale, y sea
sin verlo yo, que en rigor
no podré tener valor
para sufrir que te vea.

Vase.

AQUILES La infanta me quiere bien, 815
el rey por mí se desvela;
si descubro la cautela,
su amor se trueca en desdén.

Sale el REY, *y queda* SEGISMUNDO.

REY Aurora.
AQUILES Señor.
REY (*Aparte.*) (El cielo
milagros pintó en su rostro.) 820
¿Cómo os halláis?
AQUILES Venturosa
con los favores que gozo
de vuestra alteza y la infanta.
REY Mis ministros cuidadosos
buscaron los delincuentes 825
de aquel infeliz malogro,
examinando los valles
y requiriendo los sotos
de esa montaña, de quien
visitaron los contornos, 830
sin poder descubrir nada
entre sus sauces y chopos.
AQUILES Quien en lo mucho, señor,°
es infeliz, en lo poco

833-35 Según Aurora-Aquiles, el hecho de que los hombres del rey no hayan encontrado a los presuntos asesinos de su esposo (porque no existen) tiene poco im-

no es maravilla lo sea. 835
Este parque, sino solio,
ilustra ahora la infanta,
mi señora, y con sus ojos
le dora. Entre vuestra alteza.

REY
Antes quiero hablaros solo. 840

[*A* SEGISMUNDO *aparte.*]°

Primo, entretened la infanta
en tanto que mis ahogos
hallan en Aurora alivio.

SEGISMUNDO
Ya te obedezco gustoso.
(*Aparte.*) (Famosa ocasión es esta 845
para hablar a quien adoro,
sin que Aurora ni su hermano
sirvan a mi amor de estorbo.)

Vase.

REY
Aurora del alma mía,
en cuyo regazo hermoso 850
pudiera salir mejor
el sol a esmaltar los polos.
Desde que vi tu belleza,
desde que miré tus ojos,
desde que escuché tu llanto, 855
desde que atendí a tu rostro,
tan tiernamente te quiero,
tan dulcemente te adoro,
que no igualan mis finezas
aquellos del amor monstruos: 860
A[c]teón trocado en ciervo;°

---

pacto en el dolor que ya siente. Indirectamente, está diciendo que no es necesario que sigan buscándolos.

841+ *A Segismundo aparte* M: omisión A B C D E F G H I; *Aparte* J K L.

861 *Acteón*: *Anteon* A B C D E H I J K L M; *Anteo* F; *Anteón* G. En todas las ediciones sueltas, se ofrece una variación de *Anteon*. Sin embargo, teniendo en cuen-

mudado en león Apolo;°
vuelto Neptuno en delfín;
Júpiter mentido en toro;
Progne disfrazada en ave; 865
Saturno en caballo airoso;
Cadmo en sierpe; en flor Adonis;
y Niobe en mármol tosco.
Desde que en el mar azul
del cielo, el ardiente escollo 870
del sol rompe y desbarata
olas de púrpura y oro,
y desde que en su hoguera
se van encendiendo a soplos
una a una las estrellas 875
(que luminarias del globo
o pavesas de la llama,
de Febo argentan su trono),
suavemente ofendidos
y felizmente penosos 880
quejas repiten mis labios,
lágrimas vierten mis ojos,
porque de suerte idolatro
esas luces, que enamoro,
que mil veces el vestido 885
llego a tocar cuidadoso,
por ver si yace abrasado,
que no es, no, suceso impropio,
que quien el pecho me abrasa,
me abrase el vestido y todo. 890
Mas es tu hermosura rayo,
que cuando acomete a un chopo,
reservando la corteza,
convierte el árbol en polvo.
Esto basta, Aurora mía; 895

---

ta la transformación del personaje mitológico en ciervo, tiene más sentido utilizar Acteón. Para más información sobre las referencias mitológicas, véase el índice de nombres.

862 Hay cuentos mitológicos sobre la transformación de Apolo en delfín, tortuga y serpiente. Desconozco si existe alguno sobre la mudanza del dios en león.

quiero e[x]cusar episodios,°
que no es retórico amor
cuando amor es tan heroico.
¿Qué me respondes?

AQUILES — Señor,...
(*Aparte.*) (¡Perdido estoy! No hallo modo 900
para escusarme.) ...yo soy...
(¡Qué trance tan riguroso!)
...de tanto favor indigna.

REY — Quien no [lo] merece, sólo°
soy yo.

AQUILES — [¿]Y el dolor que vive, 905
por la muerte de mi esposo,
martirizándome el alma[?]°

REY — Ese, Aurora, no es estorbo.
Acaba; dame una mano.

AQUILES (*Aparte.*) — (¡Vive el cielo, que me corro° 910
de llegar a esta ocasión!)
No pretenda escandaloso,
vuestra alteza, desdorar
de mi valor el decoro.

REY — Dale a mi esperanza vida. 915

AQUILES — Eso es imposible.

REY — ¿Cómo?

AQUILES (*Aparte.*) — (¿Qué diré, que estoy perdido,
en lance tan peligroso?)
Aunque mi esposo murió,

---

896 *excusar* L: *escusar* en las demás ediciones.

904 *lo*: *te* A B; omisión D E G H I.

907 *el alma?*: omisión del punto de interrogación (?) en todas las ediciones menos la de la Viuda de Orga (M).

910 *correrse*: "Avergonzarse, tener empacho de alguna cosa que se ha dicho o hecho" (*Diccionario de autoridades* 612). En la época moderna, "correrse" también significa "eyacular" o "tener un orgasmo" en el lenguaje coloquial. Aunque no he podido encontrar este uso de la palabra en la época de Monroy y Silva, los versos nos invitan a hacer una interpretación erótica de esta escena.

vive en mi pecho tan propio, 920
que a ser el alma visible,
vivo le vieran tus ojos.
Y cuando yo pretendiera
dar a tus ansias socorro,
temiera, que dentro de él 925
la muerte me diera él propio.
Y si no por él (que aqueste
ya era miedo de su enojo
y no valor invencible),
por mí mismo, por mí solo, 930
me negara a tus cariños,
porque soy tan valeroso.

REY ¿Qué dices?

AQUILES Tan valerosa;
no te espantes porque, como
están ahora turbados, 935
señor, los sentidos todos,
no es mucho yerre la lengua;°
y fuera de esto, conozco
la femenil cobardía,
y por eso me acomodo 940
a parecerte varón,
para defenderme heroico.
(*Aparte.*) (Bien lo enmendé de esta suerte.)

REY ¡Basta, Aurora! Yo estoy loco,
yo estoy perdido por ti; 945
no me obligues, a que sordo
a tus quejas, en despeños
se manifieste mi enojo.

AQUILES Oiga, vuestra majestad.

REY Sólo mis suspiros oigo. 950

AQUILES Mire...

REY No puedo mirar,

---

937 Aurora-Aquiles quiere decir que no es sorprendente que se haya equivocado de palabra en esta situación.

que no tiene el amor ojos.

AQUILES Atienda...

REY ...a mis sentimientos.

AQUILES Considere...

REY ...mis ahogos.

AQUILES Advierta...

REY ...mis tristes penas. 955

AQUILES Depóngalo, poderoso,
porque forzadas finezas...

REY No importa, así las adoro.

AQUILES ¿No repara...?

REY Estoy sin alma.

AQUILES ¿No imagina...?

REY Estoy tan otro, 960
que a mí por mí me pregunto,
después que miré tus ojos:
no te resistas.

AQUILES Es fuerza.

Asómase al paño PULGÓN.

PULGÓN (*Aparte.*) (¿Hay peligro más notorio?
Escuchando he estado al rey; 965
quiero servirle de estorbo,
pues si no, todo el enredo
que se descubra es forzoso.)

Sale.

Señor.

REY ¿Qué quieres?

PULGÓN La infanta
te llama.

AQUILES (*Aparte.*) (Turbado todo 970

me tiene.)

REY — Dila que aguarde;
salte fuera.

PULGÓN [*Aparte.*] Aquí me escondo
por ver en qué para.

Escóndese.

REY — Aurora,
ya es grosería tu enojo;
ya tu extrañeza es agravio; 975
ya tu recato es oprobio;
Acaba; dame una mano.

AQUILES — Con el silencio respondo.

PULGÓN (*Aparte.*) (Por Júpiter, que si el rey
aprieta de aqueste modo, 980
han de quemarlos a entrambos.)

REY — ¡Ea, mi dueño!

PULGÓN [*Aparte.*] (¡Vive Apolo,
que es este rey italiano,°
muy perdido va el negocio!)

Sale.

Señor, la infanta te llama. 985

REY — Vete, necio; vete, loco,
y dila que aguarde.

PULGÓN — Dice
(*Aparte.*) que no quiere. (¡Estos socorros
me debe Aurora, o rey puto!)°

REY — ¿Qué dices?

PULGÓN — Que soy un tonto. 990

983 Para los españoles del siglo XVII, los italianos representaban un grupo especialmente libidinoso.

989 *puto*: Pulgón acusa al rey de ser sodomita.

Escóndese.

REY
Pues no merecen los ruegos
y finezas que supongo
algún favor, de esta suerte
daré a mis intentos logro.

AQUILES
Así sabré defenderme 995
si me injurias riguroso.

Quiere el REY *abrazar por fuerza a* AQUILES, *y él saca al* REY *la espada y se defiende.*

REY
¡Qué notable atrevimiento!
¡Qué valor! No es valor solo,
que para valor es mucho,
para atrevimiento poco. 1000
A estos desaires se pone
un monarca poderoso,
que su liviandad descubre;
ya el amor se t[r]ueca en odio.°
Dadme la espada.

Envaina el REY *la espada.*

AQUILES
Señor, 1005
perdóname si te enojo.

REY
Habéis perdido el respeto
a mi grandeza y decoro.

Vanse, y sale PULGÓN.

PULGÓN
Valor, Aquiles, promete:
¡qué airoso se resistió! 1010
¿Pero como le haré yo
una burla a Pistolete?
Ya prevenida la tengo;
ya la quiero ejecutar.

1004 *trueca*: errata A; *trocó* C D E F G H I J K L M.

Este papel me ha de dar 1015
la traza.

Pónese a leer un papel, y sale PISTOLETE.

PISTOLETE Corrido vengo
de que el rey honre a Pulgón.

PULGÓN (*Lee.*) ¡Tanta dicha merecí!

Sin verlo.

PISTOLETE Leyendo un papel aquí
está. ¡Suelte el picarón! 1020

Quítaselo.

PULGÓN Pistolete, aguarda, amigo.
Vuélveme (no seas cruel
por tu vida) ese papel,
si con lágrimas te obligo.

PISTOLETE No quiero, infame.

PULGÓN ¡Qué pena! 1025

PISTOLETE ¿Dar el papel[?] ¿A qué efecto?°

PULGÓN Si me le vuelves, prometo
de darte para una cena.

PISTOLETE Villano, bajo, sin ley,
advenedizo, bufón, 1030
sabes que por tu ocasión
me quiso ahorcar el rey,
y me ha echado de palacio,

1026 En la edición príncipe (A) y el testimonio B, Pistolete pregunta: "Dar el papel, a que efeto?" Este verso generó dificultades de interpretación, porque en las ediciones posteriores hay distorsiones en la puntuación, la gramática, el léxico y el reparto. En la presente edición, el agregado de signos de interrogación no molesta y facilita la lectura. Otra posibilidad que aclara el significado sin cambiar la métrica es la adición de un pronombre de objeto indirecto: "¿Dar*te* el papel? ¿A qué efecto?" Para variantes en todas las sueltas, véase el aparato crítico que se encuentra a continuación.

¿y [tú] me llegas a hablar?°
La vida te he de quitar. 1035

PULGÓN
Despacio, amigo, despacio.

PISTOLETE
Vete de aquí.

PULGÓN
¡Ay, Laura, mía!

Vase.

PISTOLETE
Ya se fue, quiero mirarle;
mucho debe de importarle,
pues tanto lo pretendía, 1040
bien le puedo ya leer.

[*Al paño* PULGÓN.]°

PULGÓN
Desde aquí escondido veo
si se logra mi deseo.

PISTOLETE
Esta letra es de mujer.

Lee.

Dueño mío, Mil cuidados me cuesta el verte: tú no puedes entrar en mi cuarto, menos que viéndote su alteza, y podrá costarme la vida; mas un secreto me ha descubierto una dama mágica de la infanta, y es que de dos peñas gruesas, que están a la puerta de palacio, la mayor está hechizada y hace invisible a quien la trae consigo; trayéndola tú esta tarde, puedes entrar en mi cuarto, sin que nadie te vea, donde te aguardo, tan tuya como siempre. *Laura.*

¡Viven los cielos, que Laura 1045
es muchacha de opinión!
Hoy me vengo de Pulgón;

1034 *y [tú] me llegas a hablar*: *y me llegas a hablar* A B C D E F G H I J; *y no me llegas a hablar* K L M. Falta una sílaba en la versión príncipe. Los editores de las ediciones más tardías (K L M) intentan resolver el problema métrico añadiendo la palabra "no." Sin embargo, la forma negativa de la frase no tiene mucho sentido en este contexto.

1041+ *Al paño Pulgón*: omisión de acotaciones escénicas en todas las ediciones menos en la de la Viuda de Orga (M).

hoy mi agravio se restaura.
¡Que una dama de la infanta
tal favor le llegue a hacer! 1050
Pero no quiero perder
esta ocasión, pues es tanta
mi ventura, yo diré
que Pulgón la ha despreciado,
y a mí a verla me ha enviado; 1055
con esto la engañaré
y obligaré. ¡Pierdo el seso!
Esta es la puerta, ¡O, amor!,

Descúbrese una piedra grande.

y esta la piedra mayor.
Por dios, que tiene gran peso. 1060
Quiero con ella cargar.
¡Laura, aguarda, y te veré!
Vive el cielo, que no sé
si he de poderla llevar;
Experimentar pretendo 1065
si es verdad lo del billete.

Carga con la piedra, y sale Pulgón *y hace como que no le ve.*

Pulgón ¿A dónde estás, Pistolete?
Tus desafueros no entiendo.
Dame el papel. ¿Dónde estás?

Pistolete No me ve, ¡viven los cielos! 1070

Pulgón ¡Ay, que me abraso de celos!

Pistolete Tente, Pulgón, ¿dónde vas?

Pulgón ¿Quién es? ¿Quién habla? ¡Ay de mí!
¿Quién eres, sombra feroz,
que sólo escucho tu voz 1075
y no miro a nadie aquí?

Pistolete Sin duda estoy invisible
con el peñasco. ¿Hay tal cosa?
Aguárdame, Laura hermosa,

que aunque es el peso terrible, 1080
por gozarte a ti, no es nada.

Vase con la piedra.

PULGÓN Así el soberbio se humilla;
por lo menos la burlilla
ha de ser burla pesada.

Vase tras él, y sale[n] el DUQUE SEGISMUNDO *y la* INFANTA.

SEGISMUNDO Templa, infanta, los enojos. 1085
INFANTA Son hijos de una traición.
SEGISMUNDO Oye la satisfacción.
INFANTA No se engañaron mis ojos.
SEGISMUNDO No son justos tus desvelos.
INFANTA Será eterno mi rigor. 1090
SEGISMUNDO ¿No escucha quien tiene amor?
INFANTA No escucha quien tiene celos.
SEGISMUNDO ¿De qué?
INFANTA De que vi un papel
que ayer le dieron a Aurora.
SEGISMUNDO ¿Y que viste en él, señora? 1095
INFANTA Ser vuestra la letra de él.
SEGISMUNDO Pues mira...
INFANTA No hay que mirar;
e[s]cusad, duque, razones;°
no me deis satisfacciones,
que no las quiero escuchar. 1100
SEGISMUNDO Quien satisfacción no quiere,
poco estima el desengaño.
INFANTA Quien solicita un engaño,
estos desprecios espere.

1098 Para variantes, véase el aparato crítico.

Segismundo — Ese papel...
Infanta — ...es perder 1105
tiempo.
Segismundo — Infanta, averiguad...
Infanta — ¡Qué necio!
Segismundo — ...que el rey...
Infanta — Callad.
Segismundo — ...mandó...
Infanta — Nada he de creer.
Segismundo — Mi bien...
Infanta — Ya andáis atrevido.
Segismundo — Siempre os he adorado firme. 1110
Infanta — ¿No advertís que es desmentirme
negar lo que yo he leído?
Segismundo — Permitid que dé disculpa.
Infanta — No me habléis.
Segismundo — ¿Hay tal pesar?
¿Pues no me he de disculpar? 1115
Infanta — No hay disculpa a tanta culpa.
Segismundo — Del inhumano rigor,
que ahora en vos considero,
infanta divina, infiero
que no me tenéis amor; 1120
que el juez, aunque [de] inclemencia°
su justicia no acredite,
el descargo siempre admite
antes de dar la sentencia.
Y pues no dais a mi labio 1125
licencia de hablar ahora,
¿quién no juzgará, señora,
que estáis bien con vuestro agravio?
Misterioso es el desdén,

1121 *de*: omisión en la edición príncipe (A); C cambia el verso: *que el juez que aunque de inclemente*.

pues juzgando con pasión, 1130
no busca satisfacción
quien con su agravio está bien.
Que apetece con cuidado
la disculpa diligente
de un agravio el que lo siente, 1135
por no vivir agraviado.
Y quien su agravio mirando
no le intenta disculpar,
o le debe de importar,
o lo estaba deseando. 1140
¡El rey!

Sale[n] el REY *y* AQUILES.

INFANTA Bien entretenido
viene, señor, vuestra alteza.

REY El rigor y la belleza
en Aurora se han unido.

INFANTA ¿Cómo venís?

REY Como quien 1145
con esperanzas de amor
vino a buscar un favor,
y vuelve con un desdén.

INFANTA ¿Pues con vos tanta crueldad
estáis desfavorecido? 1150

REY Sí, que castiga un olvido
culpas de una voluntad.

AQUILES [*Aparte.*] (Quejoso está el rey de mí,°
y yo del rey temeroso.)

INFANTA [*Aparte.*] (De mí está el duque quejoso° 1155
porque no le permití
que diera satisfacción.)

1153-54+ *Aparte*: omisión A B C D E F G H I.
1155-57+ *Aparte*: omisión A B C D E F G H I.

SEGISMUNDO [*Aparte.*] (La infanta, airada, ofendida,°
me está quitando la vida.)

REY ¡Qué crueldad!

AQUILES ¡Qué confusión!° 1160

REY ¡Tal valor, tal resistir!

SEGISMUNDO ¡Tal enojo, tal culpar!

INFANTA ¡Tal recelo, tal amar!

AQUILES ¡Tal silencio, tal sufrir!

REY Resistiose valerosa. 1165

INFANTA Mi rigor culpó enojado.

AQUILES Mi desprecio le ha admirado.

SEGISMUNDO Declarose rigurosa.

Sale PISTOLETE *con la piedra a cuestas, y* [*sale*] PULGÓN *detrás.*

PISTOLETE Sólo pudiera el amor
obligarme a cargas tales; 1170
más pesa de mil quintales.

PULGÓN Ahora es ello.

PISTOLETE ¡Qué dolor!

REY ¿Para qué traen esta peña?

PISTOLETE Al rey he visto, allí está,
no importa, no me verá. 1175

PULGÓN Penitente de la Breña
parece.

PISTOLETE No puedo andar.

REY ¿A dónde vas?

1158-59+ *Aparte*: omisión A B C D E F G H I.

1160-68+ *¡Qué crueldad! ¡Qué confusión!*: aunque no hay acotaciones escénicas, hay una serie de apartes que reflejan la profunda ansiedad de los personajes en ese momento. O los cuatro personajes (el rey, Segismundo, la infanta y Aquiles) hacen declaraciones a solas sin que los demás las oigan, o se agrupan por género. Es decir, la infanta y Aurora pueden hablarse sin que los hombres las escuchen. De la misma manera, el rey y Segismundo pueden compartir sus penas sin que las mujeres los escuchen.

PISTOLETE ¿Cómo qué?
¡Vive el cielo, que me ve!

REY ¡¿Es Pistolete?!

PISTOLETE ¡O pesar 1180
de quien me parió!

PULGÓN ¡O pobrete!
Sí, señor; se ha vuelto hiedra
de esta piedra, y es la piedra
bala de su Pistolete.

PISTOLETE ¿Cómo me han podido ver? 1185

PULGÓN [*Aparte.*] (¡Qué bien mis burlas se emplean!)

PISTOLETE Ha, señores, no me vean;
miren que no puede ser.

REY ¿Por qué te atreviste a entrar
sin temor de mis rigores? 1190

PISTOLETE ¿Cómo me miran, señores,
que no me pueden mirar?
¡O qué ocasión tan terrible!

REY Verás mi justicia airada.

PISTOLETE Ninguno me [diga] nada;° 1195
miren que soy invisible.

Suelta la piedra.

REY Matadle; llevadle preso
porque vino a mi presencia.

INFANTA No permita tu clemencia
ese rigoroso exceso. 1200

REY ¿Cómo donde estoy, traidor,
viniste?

PISTOLETE [*Aparte.*] (A callar me obligo,
que si a lo que vine digo,
ha de ser mucho peor.
¿Hay semejante desgracia?) 1205

1195 *diga*: *hable* A B.

Segismundo — No vi tal impertinencia.

Pistolete — Ando haciendo penitencia
para volver a tu gracia.

Infanta — Esta vez, señor, por mí
ha de perdonar tu alteza 1210
su ignorancia y su simpleza.

Rey — Ya le perdono por ti.

Pistolete [*Aparte.*] (Burla ha sido de Pulgón,
mas yo me vengaré de él.)

Pulgón [*Aparte.*] (Nunca vi al rey más cruel; 1215
tragó la burla el tontón.)

Rey — Ya es tarde, infanta; ya el sol
despeña su carro ardiente,
salpicando el occidente
matices de su arrebol; 1220
Mañana os volveré a ver.
[*Aparte.*] (¡No sé cómo me reprimo!)°

Infanta — Lo que tu favor estimo
no lo sabré encarecer.

Rey (*Aparte.*) Entrad pues (que yo me voy 1225
a hacer de mi fuego alarde).

Infanta — Guardeos el cielo.

Rey — Él os guarde.

Aquiles [*Aparte.*] (Confuso y dudoso estoy.)

Vanse, y quedan el Rey *y el* Duque *solos.*

Rey — Duque, aguardad, que quiero
—cuando de amores y desprecios muero— 1230
mudar del pecho al labio
las quejas de una ofensa y de un agravio,
que es fuerza os comunique.

Segismundo — Mi voluntad el sentimiento explique
de la pena, señor, de vuestra alteza. 1235

1222+ *Aparte*: omisión A B C D E G H I.

REY Abrásame de Aurora la belleza;
su beldad idolatro,
siendo el penoso corazón teatro°
donde, rendido y ciego,
representa el amor su ardiente fuego: 1240
ruégola tierno, ingrata corresponde;
dígola amores, quejas me responde;
y más apasionado,
contra el suyo, y mi honor determinado,
he de gozarla, aunque después rendida 1245
la fuerza, y el rigor llore ofendida.

SEGISMUNDO Será injusta violencia.

REY Sí, mas la causa dio su resistencia.
¿No has visto despeñada la corriente
de una sonora fuente, 1250
o de un risco el sudor, que en el estío
se precipita al margen de algún río
(pues el ardor del sol, que el risco bebe,
desbarata los copos de su nieve),
porque, cuando en cristal la nieve mude, 1255
le vista enero y julio le desnude?
¿Y algún escollo (o gruta
que la corriente no reserva enjuta)
el paso le suspende,
y como que se ofende, 1260
de que el tosco peñasco le resista,
aumentando cristales, le conquista,
hasta que más glorioso
le vence y rinde, osado y caudaloso?
Pues mi amor es arroyo, escollo Aurora, 1265
que se me opone ufana y vencedora;
mira lo que haré cuando contemplo,
que un humilde arroyuelo me da ejemplo.

SEGISMUNDO Señor, mejor será haciendo alarde
de amor...

REY No me aconsejes, que es ya tarde. 1270

1238 *el penoso corazón*: *penoso el corazón* A B; *penoso corazón* D.

Segismundo ¿No es Aurora mujer? Ruega y pretende,
que quien causa el amor, de amor entiende.

Rey Es duro pedernal su pecho helado;°
para sacarle fuego, mi cuidado
de un hierro ha de valerse 1275
con que su resistencia ha de vencerse.

Vanse, y salen la Infanta, Aquiles *y otras* Damas;
y vanse las Damas, *y quedan las dos solas.*

Infanta [*A las damas.*] Dejadnos a las dos solas,
y no entre en mi cuarto nadie.
[*A Aquiles.*] ¿Celosa estoy de mi hermano,
que tan fino y tierno amante 1280
solicita tu belleza
a costa de mis pesares?

Aquiles Sí, señora, y defenderme
de su persuasión no es fácil
porque ama el rey muy resuelto; 1285
pues de ti vine a ampararme,
debate mi honor la vida
sin que tu hermano le ultraje.

Infanta Tu asilo he de ser, Aurora.

Aquiles (*Aparte.*) (Si me atreveré a explicarle 1290
quién soy, el amor me anima;
valiente estoy, y cobarde.)

Infanta Aurora, por divertir
contigo algunos pesares,
quiero (pues estamos solas 1295
y no nos asiste nadie)
que en traje de hombre te vistas
y, fingiendo ser mi amante,
me requiebres y enamores;

1273-76 *Es duro pedernal su pecho helado / [...] / con que su resistencia ha de vencerse*: Según el rey Licomedes, la voluntad de Aurora es de *pedernal*, mineral o roca que se usa para encender un fuego. La piedra es tan dura, que sólo el hierro podrá sacarle chispas. De esta manera, se justifica el empleo de una estrategia dura para seducirla.

		que para que te disfraces	1300
		hay un vestido en mi cuarto.	
AQUILES		Si puedo en eso agradarte,	
		con la obediencia respondo.	
INFANTA		Éntrate a mudar el traje.	
AQUILES	[*Aparte.*]	(Ánimo, esperanza, amor,°	1305
		pues me animáis, ayudadme.)	

Vase.

INFANTA	¡Hay más extraños desvelos!	
	¡Hay cuidados tan notables	
	como los que me ocasiona[n]	
	de Aurora el ingenio y talle!	1310
	¿Si es esta pasión amor?	
	No, que amor no ha de obligarme	
	a que adore una mujer	
	tierna, perdida y amante.	
	¿Si es amistad, si es concordia	1315
	y música de la sangre?	
	No, que si fuera amistad,	
	¿cómo había de olvidarme	
	del duque, a quien aborrezco	
	desde que a los celestiales	1320
	ojos de Aurora atendí,	
	desde que vi sus donaires?	
	¿Cómo puede ser amor,	
	si engendrar un semejante	
	—que es su principal objeto—	1325
	no puede verificarse?	
	¿Cómo puede ser tampoco	
	amistad que celos cause	
	de mi hermano? La amistad,	
	¿cuándo dio celos tan grandes?	1330
	Si fuera amor, me obligará	
	(¿quién lo duda?) a declararme,	
	que el fuego de amor no puede	

1305-06+ *Aparte*: omisión A B C D E F G H I.

encubrirse y ocultarse.
Si fuera amistad, quisiera 1335
—sin olvidar a mi amante—
que los celos dan a amor
materia con que más arde.
Pero lo que fuere sea,
dejemos aqueste examen, 1340
aunque dejarle no es bien
si pretendo averiguarle.
¿Quién duda que esto es amor?
¿No ha habido quien amó a un jaspe?
¿A un bruto no amó Pa[s]ife?° 1345
¿Y Europa a un toro arrogante?
¿Pues, qué mucho que yo quiera
a un sujeto tan amable?
Pues si es amor este, salga
del corazón donde yace. 1350
Que un monte sufrir no puede
el fuego con quien combate,
y barajando sus grutas,
desquiciando sus umbrales,
o ya le aborta en incendios, 1355
o le bosteza en volcanes.

Sale Aquiles *de hombre, con espada y daga, muy bizarro.*

Aquiles — Ya, señora, estoy aquí.
Infanta — ¡Qué bien te parece el traje!
¡Bizarra estás, por mi vida!
Aquiles — Por el favor que me haces, 1360
beso tus pies.
Infanta — ¡Ay, Aurora!
Aquiles (*Aparte.*) (Yo quiero determinarme.)
Infanta (*Aparte.*) (Si fueras lo que pareces.)
De esta carta de mi amante
has de escribir la respuesta. 1365

1345 *Pasife*: *Pacife* A B; *Pasifae* E G H I M; *Pesifae* J K; *Pesife* L.

AQUILES (*Aparte.*) (¿Al duque? ¡Ay, ansias mortales!)

INFANTA Las disculpas de unos celos
son, y no me satisfacen.
¿Responderele enojada
o amorosa?

AQUILES Tú lo sabes. 1370

INFANTA Responderé como quien
pretende desenojarse.
Aquí está el recado; escribe.

Pónese AQUILES *a escribir sobre un bufetillo, y va notando la* INFANTA.

INFANTA Dueño...

AQUILES Dueño.

INFANTA El cielo sabe...

AQUILES (*Aparte.*) (Si al duque le llama "dueño," 1375
¿qué esperanza ha de animarme?)

Echa un borrón.

INFANTA ¿Qué es eso?

AQUILES Cayó un borrón.

INFANTA Pienso que tú lo borraste;
toma otro papel.

AQUILES No notes
tan tierna, que es despreciarte, 1380
cuando te da el duque celos,
que tú amorosa le trates.

INFANTA ¿Pues "dueño ingrato" es requiebro?

AQUILES Sí, que bien puede excusarse
el "dueño" y poner "ingrato." 1385

INFANTA Acaba, que poco sabes.
Escribe.

AQUILES Di.

INFANTA Duque mío,

aunque me ofendas y agravies...

Bórralo otra vez.

Mira que has vuelto a borrarlo.

AQUILES Este tintero se sale, 1390
señora, o yo no lo entiendo.

INFANTA Toma otro papel.

AQUILES (*Aparte.*) (Pesares,
celos, no me atormentéis;
basta que el amor me abrase.)
¿No es mejor que no le escribas, 1395
señora? Pues confesaste
que estás celosa; no adviertes
que es escribirle rogarle.

INFANTA ¿Pues qué se te da a ti de eso?

AQUILES Tengo celos; no te espantes. 1400

INFANTA ¿Celos? ¿Pues tienes amor?

AQUILES Como estoy en este traje,
señora, y eres tan bella,
sospecho que soy tu amante.

INFANTA Pues deja, Aurora, el billete, 1405
y finge galantearme.

AQUILES Eso de muy buena gana.

Pónese bien.

Pongo la capa, a turbarme
empiezo, y toda asustada
te refiero mis pesares. 1410

Llega.

Mi bien, el alma confiesa
que sólo vive en mirarte,
y que verte y no adorarte,
fuera ofender tu belleza.

Perdona, bella princesa, 1415
el amante atrevimiento
con que vivo siempre atento
a tanta soberanía,
y disculpe mi osadía
tu divino entendimiento. 1420
Atrevime a tu esplendor,
y con esperanza alguna,
que siempre da la fortuna
a los osados favor;
muerto estoy, mi bien, de amor 1425
porque es cosa muy notoria
que eres gloria a mi memoria,
y así, que estoy muerto es cierto,
pues nadie sin haber muerto
puede gozar de la gloria. 1430
Aunque (si lo advierto bien)
ya sabes que son (¡ay, cielos!)
infierno de amor los celos,
y tengo celos también;
tu primo, señora, es quien 1435
causa aqueste infierno en mí;
y así, adorándote aquí,
siempre con tormento eterno,
miro en el duque mi infierno,
y miro mi gloria en ti. 1440
¿Va bueno, infanta?

INFANTA Y tan bueno
que no puede mejorarse.

AQUILES Quiero morir de atrevido
y no vivir de cobarde.
Deidomia, infanta, señora, 1445
ya es tiempo de que se acaben
los temores y las dudas;
salgan a plaza mis males.
Infanta, no soy Aurora,
aunque fingidos disfraces 1450
con falso nombre pudieron
de mujer acreditarme.

Mi nombre es Aquiles; Grecia,
mi patria; Peles, mi padre;
mi madre, la diosa Tetis; 1455
tan ilustre es mi linaje.
Por secretas causas vine
a España, su[r]cando mares,°
que después sabrás de espacio;
por las mismas fingí el traje, 1460
el ser, el estado, el nombre;
no te admires; no te espantes.
Cegáronme de tus ojos
los fulgores celestiales,
siendo Clicie de tu sol, 1465
idólatra de tu imagen.
Aquiles, infanta, soy,
si mis finezas amantes
merecen premio.

INFANTA ¿Qué dices?
¿Hay traiciones más notables? 1470

AQUILES (*Aparte.*) (¡Vive dios, que se ha enojado!
Yo procuraré enmendarme.)

INFANTA ¿Tú eres Aquiles? ¿Qué es esto?

AQUILES ¿Hay más gracioso donaire?
¿Luego crees lo que he dicho? 1475

INFANTA ¿Pues cómo, di, me engañaste?

AQUILES ¿No me dices tú que finja,
señora, que soy tu amante?
¿Puedo fingir sin mentir?

INFANTA Pluguiese al cielo verdades 1480
fueran las que has referido:
¡Ea, prosigue adelante!

AQUILES Pues di, si fuera verdad,
señora, y no te engañase,
¿qué hicieras?

INFANTA Darte la vida. 1485

1458 *surcando*: *sulcando* A B.

AQUILES Pues, mi bien, advierte; sabe
que...

Sale[n] el DUQUE [SEGISMUNDO] *y* CRIADOS, *y matan la luz, y los* CRIADOS *se llevan a* AQUILES *en brazos, huyendo.*°

SEGISMUNDO Esta es orden del rey;
vuestra alteza perdonarme
puede, y su ingenio y prudencia
disculpe yerros tan grandes. 1490

Vase.

INFANTA ¿Qué es esto, duque? ¡Ay, de mí!
¿Qué así el sagrado profane
de mis palacios el rey?
¡Seguid al duque, matadle!
¡Ha de mi palacio, guardas, 1495
criados! ¿Cómo, cobardes,
no despertáis a mis voces
y acudís a mis pesares?
Mirad, que mi hermano el rey
—el rey, sacrílego amante— 1500
me roba a Aurora, rompiendo
el decoro a mis umbrales.
Seguid a cuantos traidores,
alevosos, desleales,
son de este robo instrumentos, 1505
matad a cuantos infames
han profanado mi quinta;
verted, derramad su sangre;
dejad el sueño. ¡Hola, hola,
guardas, criados y pajes, 1510
el duque se lleva a Aurora!
¡Seguid al duque! ¡Matadle!

Fin de la segunda jornada.

1487+ *Segismundo*: omisión en todas las ediciones menos en la de la Viuda de Orga (M).

JORNADA TERCERA

Sale AQUILES *de hombre, de la misma suerte que lo robaron, atadas atrás las manos, y vendados los ojos.*

AQUILES

Si un corazón lastimado
merece, cielos, favor,
mirad el mío a un rigor, 1515
sin delito, condenado;
defended a un desdichado
de un tirano, de un aleve,°
que a hacerme injuria se atreve,
y con tirana inclemencia, 1520
contra muros de inocencia°
armadas de agravios mueve.

Vendados los tristes ojos,
y atadas atrás las manos,
me dejaron los tiranos, 1525
autores de mis enojos;
manos y ojos son despojos
al furor de un rey, rendidos,
que (como están ofendidos,
cuando cruel me atormenta, 1530

1518 *aleve*: "El que es traidor, que se levanta contra su señor" (Covarrubias 57).

1521-22 Si Aquiles (vestido de mujer) fuera Elena (Helena), el rey Licomedes sería Paris, porque la llevó contra su voluntad. Los primeros versos de la tercera jornada también anticipan la conclusión de la obra y, además, su secuela sobre el cerco de Troya. En la mitología griega, Elena reconoció a Odiseo (Ulises para los romanos) cuando el rey entró en Troya de espía, pero ocultó esta información de sus captores. De manera semejante, Aquiles-Aurora no va a denunciar a Ulises cerca del final de *El caballero dama*.

para que menos lo sienta)
me priva de dos sentidos.
Bien pudiera mi valor
que soy Aquiles decir;
mas impórtame fingir 1535
para bien lograr mi amor.

Sale el REY *en cuerpo, con una hacha encendida.*

REY
Un desprecio, un disfavor
de un rey, castigarlo es bien,
porque en retorno se den
un desaire a un desagrado, 1540
un desacuerdo a un enfado,
a un menosprecio a un desdén.
Quiero primero probar
a obligarla con terneza,
antes que de su belleza 1545
llegue la pompa a eclipsar.
Aquí sin duda ha de estar:
¿Dónde estás, Aurora mía,
que ya en tu soberanía
se ostenta el délfico coche,° 1550
hurtando el tiempo a la noche,
porque se anticipe el día?

AQUILES
Aquí estoy, dueño tirano
de mi vida y de mi honor,
esperando de un rigor 1555
el fin que intentas en vano:
vendas mi vista, inhumano;
niégasme los resplandores;
previenes sombras y horrores
con cautela y con crueldad, 1560
porque con la oscuridad
no se miren tus errores.
Bien así como un bandido
(que entra una casa a robar,

1550 *el délfico coche*: el carro de Apolo, es decir, el sol.

suele la luz apagar 1565
para no ser conocido)
tú así ciego y persuadido
de ese despeñado amor
(con violencia y con rigor,
ocasionándome enojos) 1570
quitas la luz a mis ojos
para robarme el honor.
También las manos mandaste
que, atrevidos, me ligaran
porque ellas no me libraran; 1575
ciego las aprisionaste
que fue (¿no consideraste?)
mengua tuya; pues advierte
que, en ligarme de esta suerte,
al mundo das a entender 1580
que no pudieras vencer
si yo pudiera ofenderte.
Que eres un cobarde digo,
y tu decoro maltratas,
pues para robarle le atas 1585
las manos a tu enemigo;
pero pues nada consigo,
callaré sin dar lugar
a que me puedan llamar
cobarde algunos villanos, 1590
pues tengo lengua, y no manos,
cuando me intento vengar.

Rey

Aurora, el haber mandado
vendar tus ojos, ha sido
porque eres toda un cupido 1595
—y Cupido está vendado—
y porque yo, enamorado
de esa luz que el alma adora,
solicito ciego ahora
romper el fuero y la ley; 1600
y los delitos de un rey,
nadie ha de verlos, Aurora.
Atar las manos, rigores

no fueron, ni fue desdén;
que es bien que atadas estén 1605
manos que no dan favores;
que son las manos (no ignores)
para dar, y pues está
tu rigor cifrado ya
en no dar favores llanos, 1610
no es justo que tenga manos
quien con las manos no da.
¿Pero cómo en ese traje
disfrazada, Aurora, vienes?

AQUILES Desátame, porque pueda, 1615
tirano rey, responderte.

REY Quien estando aprisionada
a ser tan libre se atreve,
¿qué hará si se ve libre?
Pero quiero obedecerte. 1620

Quítale la venda de los ojos y la banda de las manos.

Ese rebozo de seda
nube a tu cándida nieve,
desato porque tus ojos
todo el rosicler ostenten.
Aquesta cinta que ciñe, 1625
a sus nudos obediente
en relicarios de plata,
ídolos de marfil breves,
desenlazo; ya estás libre.

AQUILES Ahora verás, que pueden 1630
de tus injustos agravios
mis alientos defenderse.

Saca AQUILES *la espada.*

REY ¿La espada desnudas?

AQUILES Sí;

¿no dices... (¿qué te suspende?)°
...que, pues al amor parezco 1635
en lo bello y lo decente,
le parezca en lo vendado?
Pues yo quiero parecerle
en tirar flechas, y a falta
de ellas, este acero puede 1640
servirme de flecha ahora
para rendirte valiente.

Rey
Deja los cobardes bríos,
Aurora, con que te atreves,
y, pues no puedo amoroso 1645
rendirte y enternecerte,
ya que está hecho lo más,
que fue robarte inclemente
del palacio de mi hermana,
verás, pues, por bien no quieres, 1650
postrado todo el orgullo,
que te engaña y desvanece.

Aquiles
Primero (¡viven los cielos!),
estos mirtos y laureles,
con tu sangre salpicados, 1655
negarán su color verde.
Primero, ese mar soberbio
(ese tumulto de nieve,
aquese imperio de espumas,
donde arbolando el tridente 1660
Neptuno ya las refrena,
ya airado las enfurece),
golfo será de coral°
con que mi acero se riegue;
tanto que puedan las olas 1665

1634-42 Ahora con las manos desatadas, Aquiles-Aurora vuelve al tema de Cupido que el rey Licomedes presentó con anterioridad (vv. 1593-1602). Aparte de tener los ojos vendados, durante la época renacentista, Cupido normalmente llevaba armas (Reid, "Eros," 391-92). Esto significa que Aquiles-Aurora piensa vengarse.

1663 Se asocia el coral con el color rojo. Aquí Aquiles-Aurora se jacta diciendo que va a crear un mar de sangre con su espada.

—cuando en la esfera se pierden—
teñir las nubes de rojo
sobre su escarchada nieve,
que un átomo de mi honor
mires.

REY ¡Aguarda, detente! 1670
¡Vive Júpiter! ¿Qué dices?
¿Qué intentas, mujer? ¿Qué quieres?

AQUILES (*Aparte.*) (No soy mujer; yo no puedo
aunque mil vidas arriesgue
sufrir que mujer me llamen.) 1675
Hasta aquí pude valerme
del ser mujer, pero ya
es imposible que deje
de confesar el engaño.
Yo soy Aquiles valiente, 1680
aquel griego valeroso,
que por vaticinios teme
el mayor valor de Troya.
Por ocasiones urgentes,
o por lo que yo me quise, 1685
me fingí mujer; no espere
tu loco amor mis cariños,
pues ya lograrse no pueden.
Y porque de esto no dudes,
si averiguarlo pretendes, 1690
sean las heridas testigos,
que mi acero te previene,
y ellas por bocas de sangre
confesarán lo que temes.

REY ¿Contra un rey te atreves?

AQUILES Sí, 1695
que también soy rey, [Lico]medes,°
y de la más noble estirpe

1696 *Licomedes*: En todas las ediciones, con la excepción de la de la Viuda de Orga (M), se emplea el nombre de *Diomedes*, rey de Argos y héroe de la guerra de Troya. Como Aquiles no quiere elogiar al rey Licomedes, debe de ser una errata.

sucesor y descendiente.

Riñen.

Rey — Aunque matarte quisiera,
no quisiera darte muerte. 1700

Párase el Rey.

Infanta (*Dentro.*) Seguidme, todos, seguidme.

Rey — ¿Qué gente es esta que viene?

Aquiles — Serán los dioses, que viendo
que tengo yo de vencerte,
por librarte de mis brazos 1705
a darte defensa vienen.

Rey — ¡Qué arrogancia! ¡Qué osadía!

Vuelven a reñir, suena un clarín, y suspéndese el Rey.

Aquiles — Vuelve a la batalla.

Rey — Vuelve,
¿mas qué clarín (con acentos
suavizando el viento leve, 1710
ecos formando en los montes)
las olas del mar suspende?

Aquiles — ¿Pues eso dudas? ¿No ves
que es música, que previenen
para cantar tus obsequias 1715
en dándote yo la muerte?

Salen Criados *[y* Pulgón*] con hachas, y [sale] la* Infanta.

Infanta — ¿Cómo, señor, vuestra alteza,
quebranta de aquesta suerte
el sagrado a mi palacio
y la justicia a las leyes? 1720
¿Por qué mi valor injuria?
¿Por qué mi decoro ofende?

¿Por qué mi honor atropella?
¿Por qué a mis damas se atreve?
¿Tan fiado del poder 1725
todo el respeto me pierde,
sin volver el rostro a tantos
honrosos inconvenientes?
¿Un rey, que ha de ser espejo
(donde los vasallos fieles 1730
o compongan sus acciones,
o sus pasiones refrenen),
así permite empañarse?
¿No considera, no advierte
—si está empañado el espejo— 1735
que quién se ve en él no puede
hallar luz, y que es forzoso
andar en tinieblas siempre?
¿El furioso precipicio
del apetito indecente 1740
no ha de enfrenar un monarca,
que de ser quien es se precie?
¿Es bien dar causa, señor,
a que la ciudad se inquiete,
el vulgo se escandalice, 1745
y los émulos se huelguen?

Rey

Estoy por no responderos;
mas no será bien que deje
indecisas las ofensas,
siendo yo quien las padece. 1750
Este griego no es Aurora;
Aquiles, infanta, es este,
que (a ser inquietud del reino)
en mentidos trajes viene.
El primero ha profanado 1755
vuestro alcázar; pues se atreve
a esta cautela; ¿mas cómo
—cuando alevoso os ofende—
la cólera y el enojo
puedo reportar prudente? 1760

Infanta

¿Vos sois Aquiles?

AQUILES Señora,
(*Aparte.*) (¡El no negarlo es mi muerte!)
viendo tan resuelto al rey,
mi señor, quise valerme
del nombre de Aquiles.

REY ¿Luego 1765
no eres Aquiles?

AQUILES ¿Quién puede
negar que yo soy Aurora?
Viendo que a mi honor te atreves,
fingí, señor, ser Aquiles.

INFANTA ¿Tan fácilmente se cree, 1770
vuestra alteza? Una comedia,
que están ensayando alegres
mis damas, fue la ocasión
que en ese traje la viese.
(*Aparte.*) (Bien lo finjo.) Ven, Aurora. 1775
(¡Ay, cielos, si verdad fuese!)
Y resistencias de honor,
gran señor, no se condenen
tan fácilmente al arbitrio
de pensamientos rebeldes. 1780

Va[*n*]*se la* INFANTA, AURORA [*y los* CRIADOS, *y queda* PULGÓN].

REY Confuso estoy y admirado
que una mujer se defiende
de la amenaza de un rey
tan astuta y tan valiente.

Sale el DUQUE [SEGISMUNDO].

[SEGISMUNDO] En un bajel (que en el mar° 1785
lunar del aire parece,

1785+ *Segismundo*: *Duque* A B C D E F G H I J K L. En todas las ediciones, con la excepción de la de la Viuda de Orga (M), durante la tercera jornada, se emplea el título *Duque* cuando habla Segismundo. Esto representa un cambio. En las jornadas anteriores se emplea su nombre.

	zozobrando temeroso entre vuelcos y vaivenes) llegó un griego al puerto, y de él dicen, que a la corte viene.	1790
REY	Sabed quién es, y en palacio os espero antes que llegue, desperezando en arrullos soñolientos rosicleres° la antorcha que dora el día.	1795
	Muerto voy. ¿Mas quién se atreve contra un serafín, que mucho° que del cielo se despeñe?	

Vánse, y queda PULGÓN *que salió alumbrando a la* Infanta, *y sale* PISTOLETE.

PISTOLETE	Huyendo siempre del rey, no hallo dónde esconderme,	1800
	temeroso del peligro; pero Pulgón es aqueste. Guárdele dios, seor Pulgón.	
PULGÓN	Servidor, seor Pistolete; vendrá usté muy enojado.	1805
PISTOLETE	¿De qué?	
PULGÓN	De que yo le hiciese aquella burla, pues siendo° cosa común el dar siempre el pistolete gatazo, di un gatazo a un pistolete.	1810

1794 El rosicler es un color rosado de poca intensidad que se asocia con la aurora. Así, los versos del rey Licomedes subrayan el hecho de que la verdad de Aurora-Aquiles se revelará a la luz del día.

1797 *serafín*: "[E]sta voz es hebrea, y del número plural, y significa lo mismo que encendidos en fuego [...] Significa cierta orden de ángeles de la celestial jerarquía" (Covarrubias 891). Si se tiene en cuenta, en combinación con este motivo, el uso del rosicler o de la aurora, se nota la repetición del motivo de luz y fuego a lo largo de la obra.

1807-33 Para los vocablos *(dar) gatazo, pedernal, pistolete, tiro pedrero*, véase el glosario a continuación.

PISTOLETE Basta, que usté quedó airoso,
con hacerme que viniese
a palacio con la piedra.

PULGÓN Fue cosa muy conveniente
porque Laura es mi mujer, 1815
y vino a robarla aleve;
y como adúltero, el cielo
le castigó de esa suerte
con piedras, que son castigo
de él que adulterios comete.° 1820
Fuera de que el pedernal
faltaba a su pistolete,
y hubo menester su llave
la piedra para encenderse.

PISTOLETE En buen peligro me puso. 1825

PULGÓN No se espante, que quien tiene
mal de orina y una piedra
grande, a peligro se viese
de que sin poder curarle
le amenazara la muerte. 1830
Quede con dios, señor tiro,
que ya usté no es pistolete.

PISTOLETE ¿Pues qué soy?

PULGÓN Tiro pedrero.

[*Vase.*]°

PISTOLETE ¿Esto mi opinión consiente?
Una burla le he de hacer 1835
aunque la vida me cueste.

Vase, y sale el DUQUE [SEGISMUNDO] *solo.*

[SEGISMUNDO] Celos, agravio mortal,

1820 Pulgón acusa a Pistolete de adulterio. Según el Antiguo Testamento y el Corán, los adúlteros merecen ser lapidados.

1833+ *Vase*: omisión A B C D E F G H I.

humo del fuego de amor,
sombra de su resplandor,
inquietud universal, 1840
que con dudosa porfía
solicitáis mi tormento
(vacilando el pensamiento,
ya en la noche, ya en el día)
¿qué intentáis?, ¿qué pretendéis? 1845
¿Pues a explicaros no oso
cuando confuso y dudoso
de una mujer me tenéis?
¿Si con cautelas tan viles
un griego a la infanta adora? 1850
¿Si este Aquiles será Aurora?
¿Si esta Aurora será Aquiles?
Si dice que es mujer, miente;
si varón, no he de creello;
que es para Aquiles muy bello; 1855
para mujer, muy valiente.
Con inmortales desvelos
el alma celosa lidia,
pues tiene de Aurora envidia,
y tiene de Aquiles celos. 1860
Que se declaren, espero,
las sospechas que h[e] tenido:°
si es Aquiles, lo fingido;
y Aurora, lo verdadero.
Mas aquí asiste Pulgón 1865
que es el criado de Aurora;
veré si me quiere agora
sacar de esta confusión.
¡Hola, Pulgón!

Sale PULGÓN *con saya y manto, y una redoma llena de tinta debajo del brazo.*

PULGÓN ¿Quién me llama?
[SEGISMUNDO] El duque soy, que por verte 1870

1862 *he*: *ha* A B D E F G.

vengo, Pulgón, de esta suerte.

PULGÓN (*Aparte.*) (Por aquí ha de andar mi ama.)
Pues, ¿qué quieres?

[SEGISMUNDO] Que me digas,
amigo, si tu señora
es Aquiles, o es Aurora; 1875
que si en declararme obligas
esta duda que padezco,
tú volverás bien premiado.

PULGÓN Soy un humilde criado,
que servirte no merezco; 1880
respondo a lo que preguntas,
que yo no sé conocer
si es mi ama hombre o mujer,
o si es ambas cosas juntas.

[SEGISMUNDO] Pues ¿cómo se resistió 1885
del rey fingiendo ser hombre?

PULGÓN No sé por qué con el nombre
de Aquiles se disfrazó.

[SEGISMUNDO] Y en duda tan exquisita,
¿por qué le juzgas, Pulgón? 1890

PULGÓN Unas veces por capón
y otras por hermafrodita.

[SEGISMUNDO] Luego ni es mujer perfecta,
ni hombre con libertad.

PULGÓN Si he de decir la verdad, 1895
no le he visto la bragueta;
mas en tan dudoso encuentro,
siempre el alma considera,
que es Aurora por de fuera,
y es Aquiles por de dentro. 1900

[SEGISMUNDO] Luego, ¿hay cautela y doblez?

PULGÓN Yo no lo sé, mas sospecho
que es Aquiles del derecho
y es Aurora del revés.

[SEGISMUNDO] Pues no puedo averiguar 1905
mi temor, a dios te queda;

en pie mi duda se queda
porque me acabe el pesar.

Vase el DUQUE [SEGISMUNDO].

PULGÓN
Este es el cuarto en que está
Pistolete recogido; 1910
otra burla he pretendido,
y si la logro será
extremada. Saya y manto

Pónese la saya y el manto, y esconde la capa.

me quiero ahora poner,
que no es burla de perder, 1915
pues ha de costarle tanto.

Sale PISTOLETE.

PISTOLETE
¿Cómo me podré vengar
de la burla de Pulgón?
Si o[t]ra fuera la intención,°
no la llevara a penar; 1920
Sísifo me hizo, y hoy
Tántalo hacerle quisiera.

PULGÓN [*Aparte.*] (Aqueste es, y sale fuera.)
¿Eres mi Pulgón?

PISTOLETE
Yo soy.
[*Aparte.*] (Ya los cielos me han traido° 1925
a las manos la venganza.)
¿Tanto favor?

PULGÓN
La esperanza

Fingiendo la voz.

de que has de ser mi marido

1919 *otra*: *obra* A B C D E F G.
1925+ *Aparte*: omisión A B C D E F G.

me obliga a venirte a ver
contra el recato y decoro. 1930

Pistolete: Mi bien, tu beldad adoro.

Pulgón: Tuya soy.

Pistolete: Tuyo he de ser.
¿Quieres en mi cuarto entrar?

Pulgón: En tu cuarto y en tu cama.

Pistolete (*Aparte.*): (Resuelta viene esta dama. 1935
Hoy Pulgón me ha de pagar
sus burlas, y sus excesos;
y pues él con falsa seña
me cargó a mí de una peña,
yo le cargaré dos huesos.)° 1940
Entra por aquesta puerta.

Pulgón: Tus pasos siguiendo voy.

Pistolete: Ciego enamorado estoy;
ya la puerta tengo abierta.

Entran por una puerta, y salen por otra, y [Pulgón] *halla luz en un bufete.*

Pulgón: La lumbre no quiero ver 1945
porque, como soy doncella,
tengo vergüenza de vella.

Pistolete (*Aparte.*): (Y es lo que yo he menester,
porque no me ha conocido,
y me tiene por Pulgón.) 1950
Ya no hay luz, mi corazón.

Pulgón: Pues desnúdate el vestido,
que yo también me desnudo.

Desnúdase Pistolete, *y quédase en camisa y calzones de lienzo.*°

1940 *dos huesos*: Pistolete quiere ponerle los cuernos a su rival, Pulgón.

1953+ *calzones*: pantalones muy anchos que iban desde la cintura hasta la rodilla o más abajo. El efecto es cómico, porque se asociaban con los campesinos rústicos o la ropa interior.

PISTOLETE (*Aparte.*) (¡O lo que ha de hacer Pulgón
cuando sepa esta traición! 1955
La dicha que gozo dudo;
¿quién tal gloria imaginara?
Pulgón morirá de celos.)

Abrázanse, y huye PULGÓN.

PULGÓN Pulgón, abrázame... ¡Ay, cielos!
¡Cómo te hiede la cara! 1960
Con aquesta agua de olor
que te traigo prevenida,
te la has de lavar.

PISTOLETE Mi vida,
tal regalo, tal favor.

PULGÓN Lávate, que yo echaré. 1965

PISTOLETE A todo obediente estoy.

PULGÓN (*Aparte.*) (Con agua olorosa hoy
aquesta tinta mezclé.)

PULGÓN Lávate la frente y cuello.

Échale tinta en las manos, y lávase PISTOLETE *y tíñese la cara de tinta.*

PISTOLETE ¡Qué olores tan soberanos! 1970

PULGÓN Refriégate bien las manos;
mójate bien el cabello.
(*A voces.*) ¡Aquí del rey, que me mata!

PISTOLETE ¿Quién se atreve a tu beldad?

PULGÓN ¡Favor, socorro, piedad! 1975

Túrbase [PISTOLETE] *con las voces.*°

PISTOLETE ¿Quién, señora, te maltrata?
¡Turbado estoy, y perdido!

1975+ *Pistolete*: *Pulgón* A B.

PULGÓN ¡Aquí del rey, que un traidor
me está quitando el honor,
que me fuerza un forajido! 1980

[REY] (*Dentro.*) ¡Sacad luces!

PISTOLETE ¡Manifiesto°
peligro! ¡El rey es aquel!
¡O noche ingrata y cruel!
Quiero escaparme.

Vase a entrar, y sale el REY.

REY ¿Qué es esto?
¿No respondéis? ¿Con quién hablo? 1985

Hase desnudado PULGÓN *mientras da voces y quédase allí, y túrbase* PISTOLETE *e híncase de rodillas.*

PULGÓN ¡Qué teñido está el pobrete,
señor! Este es Pistolete
en [la] figura de[l] diablo.°

PISTOLETE Pues por desgraciado ya
a burlas tales me aplico, 1990
que me escuches te suplico,
señor.

REY ¡Basta, bien está!
(*Aparte.*) (A risa me ha provocado.)

PISTOLETE Hoy me cortan la cabeza.

PULGÓN Sepa, señor, vuestra alteza, 1995
que en esto he sido culpado;
por vengarme de un desprecio
le hice esta burla, señor.
Ya satisfice mi honor.
Escarmiente, y no sea necio.° 2000

1981+ *Rey*: omisión A B C D E F G; *el Rey* M.

1988 *la*: omisión A B C D E F G H I J L; *del*: *de* A B C D E F G H I J.

2000+ En los versos anteriores, Pulgón se dirigía al rey. Aquí habla directamente a Pistolete.

REY — A no ser la burla tuya,
mi enojo experimentara.

PULGÓN — ¡Qué blanca tiene la cara!

REY — Vuestro enojo se concluya;
sed muy amigos los dos. 2005

PULGÓN — Ya señor te obedecemos.

PISTOLETE — Desde hoy amigos seremos.
Mil siglos te guarde dios.

Vanse, y queda el REY.

REY — Ya la nevada aurora,
previene el llanto líquido que dora; 2010
ya pulsando en Oriente el rojo coche°
el postrer paroxismo dio la noche;
ya en ella hizo, pues favor no alcanza,
la mayor diligencia mi esperanza.
¿Cómo es posible, cielos, 2015
que una mujer se oponga a mis desvelos
y, en bríos cautelosos a los labios,
libre su resistencia y mis agravios?
Cuando vi su belleza sin enojos,
me dieron muerte sus divinos ojos; 2020
y hoy de mí persuadida,
me acaba su rigor la triste vida
porque me dé dos muertes juntamente,
una por bella y otra por valiente.

Sale el DUQUE [SEGISMUNDO].

[SEGISMUNDO] — Un griego, a quien la fama 2025
el sabio Ulises llama,
con ardides sutiles
viene a buscar en tu provincia a Aquiles,
y por lograr tan altos beneficios,
quiere hacer en tus templos sacrificios, 2030

2011 *el rojo coche*: referencia al carro de Apolo, es decir, al sol.

y trae para ofrecer a nuestros dioses
los brutos más feroces
y las aves más bellas,
que son del viento cándidas estrellas.
Trae un fiero león, bravo y valiente, 2035
en cuyo pelo el sol brillaba ardiente,
cuando crespas guedejas esparciendo,
ya la cerviz los rizos sacudiendo
en las arenas que halló mojadas,
uñas estampa en sangre dibujadas. 2040
Un tigre le siguió luego arrogante,
cuya piel de diamante,
con fina tinta, si puntadas toscas,
la noche la bordó de negras moscas,
el furor junta, la quietud amaina, 2045
la encarnizada vista desenvaina,
que en sangrientos enojos
son sus párpados vainas de sus ojos.
Después un toro, que en la arena fría,
con el mar a bramidos competía, 2050
envuelto en una piel lisa y bermeja,
el vello eriza de una y otra oreja,
y encarrujando la cerviz nerviosa,
el suelo lame, y por las puntas osa
de su furia instrumentos 2055
herir las nubes y punzar los vientos.
Luego salió un caballo, que obediente,
tanto al batir del acicate siente,
que al salpicar de púrpura su plata,
el suelo rompe, espumas desbarata. 2060
Un águila miré, que cenicienta,
de sus garras armada se presenta
corto el pie, largo el cuello,
peinado de las plumas el cabello,
que pareció adornada 2065
de natural corona coronada,
cuando a verle me aplico
alfanje de marfil su corvo pico.

REY ¡Extraña novedad!

Tocan el clarín.

[SEGISMUNDO] Estas trompetas,
ecos formando inquietas, 2070
que llega ya a palacio nos avisan,
cuando el aire suavizan
con sonoros acentos.

REY A recibirle vamos.

[SEGISMUNDO] ¡Qué portentos!

REY Confuso y admirado 2075
me tiene, duque, lo que me has contado.

Vanse, y sale[*n*] AQUILES *de dama y* PULGÓN.

PULGÓN ¿Señor, qué dices?

AQUILES No sé,
que es corta esfera la lengua
para las glorias del alma.

PULGÓN Del gozo que manifiestas 2080
la causa ignoro.

AQUILES Pues oye,
porque notes, porque adviertas
si con bastantes motivos
feliz el alma se alegra;
yo he gozado...

PULGÓN ¿A quién? ¿Qué has dicho? 2085

AQUILES Que gocé a la infanta bella;°
mira que presto lo dije.

PULGÓN Bien presto.

AQUILES La causa es esta:
¿No has visto un cohete, un rayo
artificial de centellas, 2090
que exhalando poco a poco
incendios que el viento queman,

2086 Aquiles quiere decir que tuvo contacto sexual con la infanta.

por ruido[so], y por temido°
sirve al cielo de cometa,
dando a las nubes un susto 2095
y un sobresalto a la tierra?
¿Mas cuando a lo más profundo
la ardiente pólvora llega,
por ser mucha, y por ser corto
el cañón, se rompe y quiebra, 2100
y lo que pudo de espacio
repetir en mil centellas,
por decirlo brevemente,
en solo un trueno lo abrevia?
Así el corazón, que pudo 2105
pintarte de las potencias
el gozo en discursos largos,
como cohete revienta,
y en una palabra dice
lo que con muchas pudiera. 2110

Pulgón ¿Cómo gozaste a la infanta?
Aquiles Descubrile mi cautela.
Pulgón ¿Pues te quiere bien?
Aquiles Me adora.
Pulgón ¿Y esa basquiña?
Aquiles Es afrenta.°
Pulgón ¿Y el peligro?
Aquiles Amor es ciego. 2115
Pulgón ¿Y has de amarla?
Aquiles Hasta que muera.
Pulgón Calla que sale.
Aquiles Y el rostro
más alegre manifiesta.
Pulgón Como quien aquesta noche
la ha tenido tan contenta. 2120

2093 *ruidoso*: *ruido* A B D E G H I J.
2114 *basquiña*: Pulgón le pregunta a Aquiles por qué sigue disfrazado de mujer.

Sale la INFANTA.

INFANTA Mi bien.

AQUILES Esposa, señora,
ya me enoja, ya me afrenta
este traje, falsa nube
de mi valor.

INFANTA Bien pudieras
estimarle, pues por él 2125
(al cielo de mi soberbia,
poniendo escalas de engaños)
rendiste la fortaleza.

AQUILES Por otra causa, señora,
es justo que yo le tenga. 2130

INFANTA ¿Y es?

AQUILES Que es mujer la fortuna,
y pues mi fortuna llega
a gozar prendas divinas;
no es error que el nombre tenga
de la fortuna quien logra 2135
la mayor fortuna en ellas.
Yo soy la misma fortuna,
y es bien, si se considera,
que pues lo soy en la dicha,
en el traje lo parezca. 2140

Sale un CRIADO.

CRIADO El rey, mi señor, tu hermano,
con el griego Ulises llega
a verte.

AQUILES ¡Válgame el cielo!
¿Ulises en esta tierra?
Confuso estoy, y admirado. 2145

Sale[*n*] *el* REY *con* ACOMPAÑAMIENTO, ULISES,
el DUQUE [SEGISMUNDO], *y todos los demás.*

Infanta — Sea, señor, vuestra alteza,
muy bien venido.

Rey — Los cielos
os guarden, infanta bella.

Ulises — Si afectos reconocidos
permiten divinas prendas, 2150
para besar vuestras plantas
dadme, señora, licencia.

Infanta — Levantad.

Rey — ¡El sabio Ulises,
honor y gloria de Grecia
es el que miráis presente! 2155

Ulises — Y el que hoy a serviros llega.

Infanta — ¿Qué ocasión os ha obligado
a esta jornada?

Ulises — La guerra,
que contra Troya invencible
previene Grecia en Atenas, 2160
en venganza del agravio,
y en castigo de la ofensa
que Paris hizo, robando
a la más hermosa griega;
para cuya gran facción 2165
hoy en sus hombros sustenta
el mar, en torres de pino,
dos mil y trescientas velas.
Los potentados y reyes,
que en nuestro favor pelean, 2170
son ciento y cincuenta, a quien
de sus provincias ausentan
los aplausos a que aspiran,
castigando una soberbia.
Hemos sabido de Apolo 2175
que es imposible vencerla°
sin darle muerte a Héctor,

2176 *vencerla*: léase "vencer a Troya."

cuya hazaña se reserva
sólo al valeroso Aquiles,
que ausente yace de Grecia. 2180
A España vengo a buscarle,
a donde, porque parezca,
ofrezco a los dioses dones,
sacrificios y riquezas.
Y a las vírgenes ilustres, 2185
hijas de la diosa Vesta,
ofrezco premios porque
con los dioses intercedan.
Aquese cuarto, señora,
de brocados y de telas 2190
está ocupado, de plata,
diamantes, lienzos y perlas;
cuanto a la humana codicia
pueden fingir las ideas
—o en joyas, adornos, galas, 2195
o en aves, brutos y fieras,
armas, púrpuras, cristales,
manjares, ambrosia y néctar—
pongo a vuestros pies; tomad,
y tomen las damas bellas 2200
lo que más les agradare,
y a los cielos con promesas
rogad nos descubra a Aquiles
para que venza esta guerra.

INFANTA Agradecida os escucho. 2205

ULISES Entrad, señora.

REY Prevengan
a Ulises en mi palacio
cuarto donde asista.

INFANTA [*Aparte.*] (Muerta°
estoy; la vida me quita
Ulises si a Aquiles lleva.) 2210

2208-10+ *Aparte*: omisión A B C D E F G I J K L.

Aquiles [*Aparte.*] (A qué fuerte ocasión viene;°
el disimular es fuerza.)

Va[n]se la Infanta, Aquiles *y las* Damas.

[Segismundo] Ya la infanta con sus damas
escogen galas diversas.

Rey ¡Notable guerra será! 2215
¿Y apercíbese a la empresa
Troya?

Ulises Sí, señor, sus muros,
que coronados de almenas
son atlantes de las nubes,
blancas, y rojas banderas 2220
visten, desplegando al aire
sus tafetanes y sedas.

Sale la Infanta.

Infanta Generoso caballero,
por no despreciar la oferta,
tomé este anillo.

Sale una Dama.

Dama 1 Esta banda, 2225
que bordan lucientes perlas,
me agradó más.

Sale otra [Dama].

Dama 2 Yo he escogido
esta curiosa cadena.

Pulgón Como bobas son las damas.

Sale Aquiles.

2211-12+ *Aparte*: omisión A B C D E F G H I.

AQUILES — Yo con el arco y la flecha 2230
me contento. A ver si acierto
a tirar.

Pone una flecha en el arco, y apunta.

ULISES — ¡Extraña fuerza!

Dispara adentro.

[SEGISMUNDO] — Toda la flecha embebió.

REY — Un rayo disparó en ella.

ULISES — Caballero, no neguéis 2235
lo que con tal diligencia
ha averiguado la industria;
vos sois Aquiles; advierta
vuestro valor; que es negarlo
deslucir vuestra grandeza. 2240

AQUILES — Ulises, no te engañaste;
yo soy Aquiles, que [con] estas°
galas viví disfrazado
por rendirme a la obediencia
de la diosa Tetis; rompa 2245
afeminadas cautelas
mi valor; no soy Aurora.

Hace que se rompe los vestidos de mujer, y queda en traje de hombre como salió al principio; embiste con PULGÓN, *desnúdale la espada, y quédase con ella en la mano.*

Sepa el mundo, y Troya sepa,
que un escándalo, un asombro,
un furor, una soberbia, 2250
un alboroto, una ira,
una venganza, una ofensa,
un agravio, un susto, un pasmo,

2242 *con*: omisión A B; *de* C.

un a[nz]uelo, una tormenta,°
hoy resucita en mi espada 2255
para venganza de Grecia.
¡Viva Grecia! ¡Muera Troya!
Que el valor de aquestas venas,
como ha vivido oprimido,
por salir fuera revienta. 2260
¡Muera Héctor el Troyano!
¡Toca al arma! ¡Guerra! ¡Guerra!

Embiste con todos.

REY ¡Detente, villano, aguarda!
Cuando has estado en mi ofensa
el palacio profanando 2265
de la infanta, de quien tiembla
el mismo Júpiter, ¿quieres
ir sin castigo a la guerra?
Primero, ¡viven los cielos!,
esta espada...

ULISES Vuestra alteza, 2270
se reporte.

INFANTA Rey, hermano,
señor, si pueden mis penas,
mis ahogos, mis temores
merecer que piedad tengas,
Aquiles... (¡ay de mí!) Aquiles 2275
ha merecido (¡estoy muerta!)
mis favores y es mi esposo;
si has de darle muerte, empieza
por mi pecho, que en mí vive
más que en su persona mesma. 2280

2254 *anzuelo*: *asuelo* A B C D E F; *desvelo* G H I J K L M. El verbo "asolar" significa "destruir" o "derrumbar," pero no encuentro una forma sustantiva (*asuelo*) que le corresponda. Es posible que el tipógrafo de la edición príncipe quisiera poner *ançuelo* o *ansuelo* en vez de *asuelo*. Desde luego, la definición figurativa de *anzuelo* ("ardid," "engaño," "trampa") tiene sentido según el contexto de los versos 2248-56. Muchos editores posteriores optaron por la palabra *desvelo*, pero su uso es incorrecto.

ULISES ¡Notable caso, señor!
Agravios que amor concierta
siempre consiguen perdón.

REY ¿Cómo no perdona Grecia
el yerro de amor de Paris, 2285
pues por amor robó a Elena?

ULISES Porque la usurpó a su esposo,
el rey Menelao, por fuerza,
y aquí no hay fuerza ni robo,
que Aquiles humilde os ruega. 2290

AQUILES Yo no ruego a nadie nada;
mi esposa es la infanta bella;
si de mí estáis ofendido,
aquí, en Troya, o en Atenas,
en el monte, en la ciudad, 2295
en el mar, en la ribera,
en el mundo, en el infierno,
guardándole a vuestra alteza
el decoro, como a rey,
igual mío, en sangre y prendas, 2300
sustentaré; que no ha sido
traición, agravio, ni fuerza
gozarla, porque soy yo
tan bueno como vos y ella.

REY A tal valor, mi afición 2305
responde, que en esta mesma
noche, celebre mi reino
con júbilos y con fiestas
vuestras bodas; pues un rey
y una infanta, en vos granjean 2310
el mejor cuñado él,
y el mejor esposo ella.

ULISES ¡Vivas mil siglos!

AQUILES Deidomia,
en vuestra deidad suspensa,
llega una aurora fingida 2315
a una aurora verdadera.

ULISES	Hoy, monarca soberano,	
	la fama a alabarte empieza.	
REY	Ocho mil hombres, Aquiles,	
	que te sirvan en la guerra,	2320
	prevendré en mi reino.	
AQUILES	El cielo	
	te guarde edades eternas;	
	aguarda, Troya, y verás	
	como Aquiles venga a Grecia.	
REY	Y aquí, pidiendo perdón,	2325
	da fin aquesta comedia	
	del griego más valeroso	
	porque a escribir el poeta	
	empiece, el cerco de Troya	
	en otra humilde comedia.°	2330

FIN.

2330 El dramaturgo aprovecha la oportunidad para anunciar otra obra suya sobre la guerra de Troya.

Aparato Crítico

En la exposición de *El caballero de dama* que precede a este documento, sólo señalé cómo la presente edición crítica se diferencia de la edición príncipe (A). Aquí los lectores pueden encontrar una lista completa de todas las variaciones importantes en la versificación y las acotaciones de la obra de teatro, desde la primera suelta (c. 1638) hasta la última (1768), unos ciento treinta años más tarde.

El número de cada nota hace referencia al verso correspondiente en la presente edición. Normalmente, le sigue una entrada (una referencia directa al verso) e inmediatamente después, tras los dos puntos, cualquier variación de los testigos citados en orden alfabético según la abreviatura asignada a cada uno. Por ejemplo, "7 *fuerte*: *fiero* H I J K L M" alude al empleo de la palabra "fuerte" en el séptimo verso de la edición príncipe y a la sustitución de "fiero" en las sueltas posteriores, que llevan las designaciones H, I, J, K, L y M. Lógicamente, la palabra "fuerte" se mantuvo en la edición príncipe (A) y en sueltas posteriores (B C D E F G) hasta la edición H.

Cualquier número que va acompañado por el signo + es una referencia a la acotación escénica del verso correspondiente. Además, como la obra empieza con el reparto y cada jornada comienza con algunas acotaciones escénicas, el signo ∞ se emplea en vez de un número para indicar que la nota no corresponde a la versificación directamente. Las palabras de los interlocutores y las acotaciones escénicas aparecen en cursiva para distinguirlas de mis comentarios. Por ejemplo, "682+ *Aparte*: *Al paño* C; om. M" significa que, después del verso 682, el editor de la edición C sustituyó la frase "Al paño" por "Aparte" en la didascalia. En la edición M, sin embargo, hay una omisión (om.) de la acotación entera.

En este aparato, normalmente no se repite la información ya ofrecida en las notas de la presente edición crítica. En términos generales, tampoco se recogen las variaciones ortográficas ni las erratas menores de las diferentes versiones sueltas de *El caballero dama*. En lo que respecta a la lista de *dramatis personae*, tampoco se nota el orden de presentación diferente.

Preliminares

∞ *Hablan en ella las personas siguientes: Personas que hablan en ella* C D E G; om. F.

∞ *Aquiles, que lo ha de hacer una mujer con nombre fingido de Aurora:* L omite la palabra *fingido; Aquiles, Galán* M.

∞ *El Duque Segismundo: Segismundo, Duque, Galán* M.

∞ *Policarpo, viejo: Policarpo, Barba* M.

∞ *Ulises, galán: Ulises, General* M.

∞ *La Infanta Deidomia: La Infanta Deidamia* K L; *Deidamia, Infanta* M.

∞ *Pistolete, criado del Rey, gracioso: Pistolete, criado del Rey* C; *Pistolete, Criado* M.

∞ *Pulgón, criado de Aquiles, gracioso: Pulgón, gracioso criado de Aquiles* B; *Pulgón, criado de Aquiles* D E F G H I J K L; *Pulgón, Criado* M.

Jornada primera

∞ M abrevia las acotaciones iniciales: *Dicen dentro los primeros versos Policarpo, y Pulgón, y a su tiempo saldrán.*

4+ *ahora*: om. M.

6 *en*: om. B; om. del verso entero F.

7 *fuerte*: *fiero* H I J K L M.

8 *verás escrita en mi valor tu muerte: verás escrita tu muerte con mi acero* J; *verás tu muerte escrita con mi acero* K L M.

11+ *que le ha de hacer una mujer*: om. F; *le*: *lo* H I J K L; *galán*: *galana* E G H I; M abrevia las acotaciones: *Sale Aquiles, galán, de caza, con la espada desnuda, y ensangrentada.*

16 *Escuchadme y sabréis*: *Escúchame, y sabréis* D E; *Escúchame, y sabrás* F G H I H K L M.

22 *postrer*: *postrera* B C D E F G H I J.

45 *armado*: *animado* F; *valor*: *blanco* J.

48 *espinas*: *espumas* B.

56 *mezclado*: *mezclando* E F G H I J K L M.

78 *Mágica*: *mágicamente* D E F G H I J.

86 *le*: *la* C D E F G H I J K L M; *solemnizan*: *solemnicen* H I J K L M.

99 *esmeralda*: *esmeraldas* C D E F G H I J K L M.

105 *sus*: *los* G H I J K L M.

126 *quien*: *que* H I J K M; *que a* L.

143 *Deidomia*: *Deidamia* D E G H I J K L M.
158 *Hermo*: *Hemo* E F G H I J K L M; *en*: om. D E F G H I J K L M.
165+ *Policarpo*: *Pulgón* D E G.
169+ *Pulgón*: *Policarpo* D E F G; sin acotaciones escénicas: *Aparte* M.
170 *dama*: *hembra* F.
171 *Italia*: *la Italia* J K M.
174 *mujer le importa*: *mujer es menester* J; *hembra le importa* K L M.
175 *lucho*: *lidio* C D E F G H I J K L M.
190 *le*: *se* C M.
201+ *Pulgón*: *Policarpo* G.
208+ *Segismundo, Duque*: *Duque Segismundo* M; *Deidomia*: *Deidamia* K M.
211 *matizadas*: *matizada* J K M.
213 *muere*: *muera* D E F G H I J.
220 *que*: om. G H I J.
225 *fineza*: *firmeza* B J K M.
238 *teñir*: *reñir* D E K.
265 *porque llegando*: *porque en llegando* C D E F G H I J K L M.
274 *ya*: om. L; *un*: om. H I J K; *este* L; *el* M.
278+ M abrevia la didascalia: *Salen el Rey, y Pistolete.*
279 *Deidomia*: *Deidamia* K L M.
281 *esta*: *esa* D E G H I J.
282 *indicio*: *incendio* G H I J K L.
287 *las sombras*: *la sombras* D; *las sombras* E F G H I J K L M.
294 *tristeza*: *fineza* E F G H I J K L M.
297 *Obedecer*: *Obedeceros* I.
298+ *músicos*: *los músicos* J K L; *las Damas* M.
301 *al*: *el* J K L M.
302 *cielo*: *cielos* H I J K L M.
309+ *suelto el cabello*: *suelto, cabello* H; *chapines, arrastrando*: *chapines y arrastrando* E; *salpicado*: *picado* G H I J K; M modifica la didascalia entera: *Sale Aquiles en traje de mujer, la cara ensangrentada, y la daga en la mano, y Pulgón.*
325 *pintan*: *pitan* B I.
327 *los*: *dos* D E F G.
328 *los que*: *son los que* J; *la*: *las* K L M.
340 *el*: *om.* B J K L M; *ser bella*: *sabella* E G; *saberla* F.
359 *más*: om. B; *inconstante*: *inocente* E F G H I J K M; *refulgente* L.
368 *templaban*: *templaba* B H I J.
370 *celosa*: *recelosa* I; *prudencia*: *imprudencia* C D E F G H I J K L M.

378 *mil*: *mis* E F G H I J K L M.
379 *malogrado*: *mal logrado* H I J K L M.
384 *su*: *la* B.
413 *acechando*: *aflechando* J K L; *asechando* M.
424 *prestado el color*: *prestado el coral* E G; *postrado el coral* H I J K L M.
444 *mareta*: *marea* F J K L M.
445 *dilata*: *el bóreas* C.
446 *el bóreas*: *dilata* C.
457 *espumas*: *plumas* C D E F G H I J K L M.
460 *beque*: *buque* D E F G H I J K L M.
462 *trizas*: En todas las sueltas se escribe *triſas*, pero, según el contexto, "trizas" (cuerdas) tiene más sentido que "trisas" (sardinas).
472 *viéndole*: *viniendo* F.
474 *allá*: *ella* E G.
479 *cuanto*: *cuando* K M.
482 *prendas*: *perlas* B.
491 *anoche*: *noche* I.
498 *bañando*: *bañado* F.
499 *o*: *ay* C; *cielos*: *cielo* J K L M.
505+ *desmayada*: *desmayado* M; *recógenla*: *recogen* B; *le cogen* M.
517 *primo*: *primero* E F G H I; *pero* J K L M.
531 *se le olvidó decir*: *se le olvidó de decir* B; *se olvidó de decir* C.
550 *derrotó*: *arrojó* C K L M.
571 *solas*: *sola* C.
583 *rendido*: *tenido* G H I J K L M.
586+ M modifica la didascalia entera: *Vanse el Rey, y Segismundo por una puerta, la Infanta, Aquiles, y las Damas por otra.*
599 *usté*: *usted* B F; *vuesté* D E; *vuesasté* G H I J K L M; *el Rey*: *él* K L M.
627 *su Magestad*: *tu Magestad* K; *obedezco*: *os obedezco* L.
627+ *Vase*: om. C D E F G H I J K L.
630+ *Pistolete*: *Pulgón* D E G.
631 *me*: om. E G.
632-33 Omisión de estos versos en la edición B.
655 *escribidla*: *escribilda* A B; *escribida* D E G.
656 *letras*: *señas* C.
682+ *Aparte*: *Al paño* C; om. M.
694+ M abrevia las acotaciones: *Vanse. Sale Pistolete, y detiene a Pulgón.*
704 *aquesta*: *esta* J K L M.
724+ *Muy grave*: Pónese muy grave J K L; om. M.

Jornada segunda

734 *colores*: *consortes* B; C modifica el verso entero: *es matiz que las colora?*

762 *ardor*: *dolor* C D E F G H I J K L M.

782 *dame*: *deme* D E G H I J K.

797-98 *Aparte*: om. J K L.

800 *le*: om. E F G H I J K L M.

807+ *Segismundo*: *Criado* C F M.

818+ *queda Segismundo*: om. C F M.

819-20+ *Aparte*: om. D E G.

839 *dora*: *adora* G H I J K M; *Entre*: *en* G H I J.

876 F omite el verso entero.

892 *acomete a*: *atormente* B.

896 *escusar*: *excusar* L.

917 *perdido*: *rendido* F.

918 *peligroso*: *prodigioso* G H I.

937 *yerre*: *hierre* B; *yerro* G.

963+ *Asómase al paño Pulgón*: *Pulgón al paño* C; *Asómase al paño* D E G H I J K L; *Al paño* F; *Al paño Pulgón* M.

964+ *Aparte*: om. J K L M.

969 *quieres*: *queréis* C D E F G H I J K L M.

970-71+ *Aparte*: om. F J K M.

972 *fuera*: *afuera* C F.

988-89+ *Aparte*: om. C F G L.

989 *puto*: *ciego* M.

995+ Sin acotaciones escénicas: *Aparte* J K L.

1005 *dadme*: *dame* D E F G H I J K L M.

1005+ *Embaina el Rey la espada*: *Dásela* M.

1010 *airoso*: *airosa* C; *se*: *le* F.

1026 *Pistolete. ¿Dar el papel*[*?*] *¿A qué efecto?*: *Pistolete. Dar el papel, a qué efecto?* A B; *Pistolete. Dar el papel, a qué efecto.* C; *Pistolete. Dame el papel, a qué efecto* D E G; *Pistolete. Dame el papel, a qué efecto?* F; *Pulgón. Dame el papel. Pistolete. A qué afecto?* H I; *Pulgón. Dame el papel. Pistolete. A qué efecto?* J K L M.

1043 *logra*: *logró* J K L M.

1058+ *grande*: om. L.

1059 *y esta la*: *y esta es la* J K L M.

1068 *tus desafueros*: *tu desafuero* C D E F G H I J K L M.

1084+ *el Duque*: om. C F.

1097 *hay que*: *quiero* L.

1098 *escusad*: *escuchad* C; *escusar* H I J K; *excusar* L.
1104 *espere*: *merece* C D E F G H I J; *adquiere* K L M.
1107 *necio*: *necedad* L.
1108 *creer*: *hacer* F.
1125 *mi labio*: *mis labios* H I.
1139 *importar*: *impetrar* F.
1173 *traen*: *traes* C; *peña*: *piedra* G H I J.
1212 *le perdono*: *se perdonó* C D E F G H I J K M.
1214 *yo*: *ya* D E G H I.
1124 *sabré*: *podré* L.
1264 *caudaloso*: *valeroso* L.
1274 *sacarle*: *sacar el* C D E F G H I J K L M.
1275 *hierro*: *yerro* M.
1276+ M abrevia la didascalia: *Vanse, y salen la Infanta, y Aquiles.*
1277 *Dejadnos*: *Déjanos* D E G.
1322 *sus donaires*: *su donaire* C D E F G H I J K L M.
1325 *su*: *un* C D E F G H I J.
1337 *a*: om. D E F G H I J.
1362+ *Aparte*: om. C D E F G H I J K L.
1372 *desenojarse*: *desenojarle* J K L M.
1392 *otro*: *este* J K L M.
1399 L modifica el verso: *¿Pues a ti qué te da de eso?*
1417 *vivo*: *vino* E F.
1444 *vivir*: *morir* C D E F G H I J K L M.
1445 *Deidomia*: *Deidamia* K L M.
1457 *secretas causas*: *secreta causa* J K L M.
1465 *Clicie*: *eclipse* B.
1480-81+ Sin didadascalia: *Aparte* K L M.
1487+ *huyendo*: om. M.
1498 *y*: *no* C; om. D E F.
1506 *a*: om. D E G.
1512 *seguid*: *seguidle* I.

Jornada tercera

1528 *furor*: *favor* E F G H I J K L M; *un*: om. C D; *el* E F G H I J K L M.
1532 *dos*: *los* E F G H I J K L M.
1540 *desagrado*: *desagravio* F.
1544 *a obligarla*: *a mi esposa* E F G H I J; *a su rigor* K L M.
1563 *un*: om. E F G H I J K L M.

1591 *tengo lengua*: *tengo yo lengua* J; *no*: om. G H I J.
1626 *sus*: *los* G H I J K L M; *obediente*: *obedientes* H I J K L M.
1635 *al*: *el* B C D F.
1651 *postrado todo*: *postrado por* E F G H I J; *postrarte por* K L M.
1658 *tumulto*: *túmulo* F L.
1669 *átomo*: *atamo* D E G H I.
1673-75+ *Aparte*: om. C D E F G H I.
1691 *sean las heridas*: *las heridas sean* C D E F G H I J K L M.
1693 *bocas*: *boca* C D E F G H I J K L M.
1715 *obsequias*: *exequias* G H I J K L M.
1720 *y la justicia a las leyes*: *y a la justicia las leyes* J K L M.
1732 *pasiones*: *acciones* J K L M.
1733 *empañarse*: *empeñarse* B D E F G H I J.
1762+ *Aparte*: om. F; *el no negarlo*: *el confesarlo* C; *el negarlo* D E F G; *aquí el negarlo* H I J K L M; *es mi muerte*: *es ya mi muerte* F.
1780+ *Aurora*: *Aquiles* F; M abrevia la didascalia: *Vanse.*
1782 *defiende*: *defienda* L.
1789 *al puerto, y de él*: *al puerto, y de* E; *al puerto,* G H I J; *al punto, y* K L M.
1790 *dicen*: *y dicen* G H I J.
1795 *dora*: *adora* I J K L M.
1796 *voy*: *soy* L.
1803 *Gúardele*: *Guarde* B; *seor*: *el seor* B.
1806 *yo*: om. C D E F G H I J K M; *se* L.
1809 *gatazo*: *balazo* I.
1810 *di un gatazo*: *di gatazo* L.
1830 *amenazara*: *amenazase* C D E F G H I J M; *amenazaste* K L.
1831 *tiro*: *tío* E F G.
1848 *tenéis*: *rendí* F.
1867 *agora*: *aora* C D E F G H I L M; *ahora* J K.
1869 *me*: om. C D E G H I J K L M.
1869+ M modifica la didascalia: *Sale Pulgón con capa, y con una saya, y manto debajo del brazo, y una redoma llena de tinta.*
1870 *por*: *a* B.
1872 *andar*: *estar* C D E F G H I J K L M; *ama*: *amo* G.
1876 *en declararme*: *a declararte* L.
1886 *fingiendo ser*: *fingiéndose* F.
1936 *pagar*: *acabar* I.
1953+ *calzones*: *calzoncillos* C D E F G H I J K L M.
1954-58+ *Aparte*: om. B C D E F G H I.

1963 *la*: om. H I J K L M.
1969+ *de tinta*: om. C.
1985 *respondéis*: *respondes* D E F G H I; *responde* J K L M.
1985+ *Hase desnudado*: *Vase desnudando* F.
1989 *por*: om. E F G H I.
1999 *satisfice*: *satisface* D E G I J K.
2011 *pulsando en Oriente*: *pulsa el Oriente* K L M.
2012 *dio*: *de* J K L M.
2027 *ardides*: *ardientes* G H I J.
2035 *fiero*: om. G H I J K L M.
2043 *puntadas*: *pintadas* L.
2044 *bordó*: *borró* D E G H I J K L M.
2066 L omite el verso entero.
2069+ *Tocan el clarín*: *Tocan* C; *Tocan un clarín* F G H I; *Suena un clarín* J K L M.
2071 *llega ya a*: *llegan a* L.
2085 *yo he gozado*: *yo triunfé* M.
2086 *Que gocé a*: *Triunfé de* M.
2092 *el*: *al* C D E F.
2102 *mil*: *mal* D E F G.
2111 *Cómo gozaste a*: *Tú triunfaste de* M.
2145+ M modifica las acotaciones escénicas: *Sale el Rey, Ulises, el Duque Segismundo, y acompañamiento.*
2206+ Sin acotaciones escénicas: *Aparte* J K L.
2212+ M abrevia la didascalia: *Vanse.*
2225 *tomé*: *tomo* B C D E F G H I J K L M.
2225+ M modifica la didascalia: *Sale una Dama con una banda.*
2227+ M modifica la didascalia: *Sale otra Dama con una cadena.*
2232+ M modifica la didascalia: *Pone una flecha en el arco, y dispárala adentro.*
2242 *yo soy Aquiles*: *Aquiles soy* K L M.
2247+ *Hace que*: om. M.
2250 *furor*: *favor* E F G H I J K L.
2274 *piedad tengas*: *pierdan tengas* G; *perdón tengan* H I J K L M.
2305 *afición*: *ación* [*aſión*] H; *acción* J; *atención* K L M.
2306 *mesma*: *misma* D E G H I J.
2313 *Deidomia*: *Deidamia* K L M.

Glosario

Acteón: En la mitología griega, Acteón (hijo de Aristeo y Autónoe) se transformó en ciervo (Reid, "Actaeon," 17).

Adonis: Deidad de la mitología clásica que se asocia con la belleza masculina. Fue el amante joven de Afrodita (Venus para los romanos), y se transformó en anémona después de su muerte (Reid, "Adonis," 25-26).

airoso: "La cosa que tiene garbo, gentileza y brío" (*Diccionario de autoridades* 144).

aljaba: "El carcaj donde se llevan las saetas" (Covarrubias 65); es decir, caja o saco para flechas.

Amaltea: Según la mitología clásica, fue la nodriza de Zeus (Júpiter), y muchas veces tomaba la forma de cabra (Reid, "Zeus – Infancy," 1068). El cuerno de Amaltea se asocia con la cornucopia (Hall, "Cornucopia," 75).

Apolo: En la mitología clásica, Apolo fue hijo de Zeus (Júpiter) y patrono de las bellas artes, la medicina, la música y la poesía (Reid, "Apollo," 162).

aqueste, aquesta, aquestos, aquestas: formas poéticas de los adjetivos y pronombres demostrativos *este, esta, estos, estas*.

Aquiles: Héroe central de la *Ilíada* de Homero. Según Reid, sus emociones fuertes tuvieron una gran influencia en los eventos de la guerra de Troya ("Achilles," 1).

árbol: "Se llama así cualquiera de los mástiles del navío, que se dividen en mayor, trinquete y mesana" (*Diccionario de autoridades* 373); *trinquete*: "El tercer árbol hacia la parte de proa en las naves mayores, y en las menores es el segundo" (*Diccionario de autoridades* 357); *mesana* [*messana*]: "El último árbol del navío, que se pone hacia la popa" (*Diccionario de autoridades* 555).

arbolar: "Levantar en alto alguna cosa [...] como arbolar una bandera, un pendón, etc." (*Diccionario de autoridades* 374).
arrayán: "[P]lanta conocida especial en las tierras calientes y templadas [...] Es planta que siempre está verde [...P]or su hermosura, su frescor y su blandura y por el suavísimo olor de sus flores, fue consagrada a Venus" (Covarrubias 121). El mirto es una variedad muy conocida de este arbusto.
atlantes: En la mitología griega, Atlas o Atlante era un joven titán que llevaba la Tierra sobre sus hombros (Reid, "Atlas," 254). En la arquitectura y la escultura, los atlantes son "columnas que sustentan el edificio con figura humana del medio cuerpo arriba" (Covarrubias, "Atlas – atlantes," 136).
Aurora: "Este término es poético en castellano, y vale la primera luz del día, con la cual el aire se ilustra anunciado por la aurora [...] Fingen los poetas haber sido la aurora una diosa hija de Titán y de la Tierra, madre del lucero y de los vientos" (Covarrubias 139).
bajel: "Nombre genérico a cualquier navío que ande en la mar" (Covarrubias 157).
banda: Faja o pañuelo.
basquiña: "Ropa o saya que traen las mujeres desde la cintura al suelo, con sus pliegues, que hechos en la parte superior forman la cintura, y por la parte inferior tiene mucho vuelo" (*Diccionario de autoridades* 569).
beque: "El lugar común para purgar el vientre, dicho vulgarmente letrina o necesaria. En la popa hay dos, uno a cada lado, los cuales están cubiertos, y en la proa le hay, pero descubierto" (*Diccionario de autoridades* 595).
blanco: Objetivo.
bolina: "La cuerda con la pesa que se echa en la mar para reconocer la hondura que tiene" (Covarrubias 145).
bóreas: Viento del norte.
bufete: "Es una mesa de una tabla" (Covarrubias 213).
buido: "[B]ruñido o acicalado, y particularmente se dice del hierro labrado" (Covarrubias 214).
Cadmo: En la mitología clásica, Cadmo (padre de Acteón) se trocó en serpiente (Reid, "Cadmus," 279).
calzas: "El abrigo de las piernas" (Covarrubias 239).
calzones: "[U]n género de gregüescos o zaragüelles" (Covarrubias 239). Pantalones muy anchos que iban desde la cintura hasta la rodilla o más abajo.

capón: "El que es castrado. Lo que se entiende así de los hombres, como los animales; si bien entre estos con especialidad del gallo" (*Diccionario de autoridades* 151).

Clicie: En la mitología griega, Clicie era una ninfa que se enamoró de Apolo. Por seguir tanto al dios-sol, se transformó en girasol (Mancing, "Clicia, Clicie," 152).

Cupido: Las representaciones de Cupido (dios romano del amor) con los ojos vendados se pusieron de moda durante el Renacimiento (Reid, "Eros," 391-92). Así, los poetas querían comunicar que el amor es algo que ocurre al azar, porque el enamorado no se fija en las imperfecciones del ser amado.

dar gatazo: "Engañar, burlar a alguno, darle un chasco pesado; y más comúnmente se entiende por ofender y volverse contra el bienhechor" (*Diccionario de autoridades* 15).

Deidomia (*Deidamia*): En la mitología griega, Deidamia (no Deidomia) es una de las hijas del rey Licomedes y madre del hijo de Aquiles (Reid, "Achilles at Scyros," 5). En la adaptación de Monroy, se llama Deidomia y es hermana del rey y, por lo tanto, infanta, porque su hermano es soltero.

derrotar: "Sacar o arrojar el viento o tempestad a la embarcación del rumbo que llevaba" (*Diccionario de autoridades* 86).

Elena (*Helena*): "[C]omo la fama de su hermosura volase por todo el mundo, Paris, hijo de Príamo, rey de Troya, juntando algunos navíos fue a Grecia con sólo deseo de verla, y siendo hospedado graciosamente de Menelao, tuvo tiempo y ocasión de descubrir a Elena la causa de su viaje, y, estando ausente el señor, la robó y se la trujo a Troya. Esta injuria tomó por suya toda Grecia" (Covarrubias 458).

escusar: Según la Real Academia, es un uso antiguo que significa "esconder" u "ocultar" (RAE 1992, 624).

espín: "[Puerco] de especie de erizo, pero mayor, y las púas más fuertes y más agudas y peligrosas, porque las arroja extendiendo el pellejo y lastima con ellas a los perros y a los cazadores" (Covarrubias, "Puerco – Puerco espín," 839).

espuma: "La saliva del caballo llamamos algunas veces y de ordinario *espuma*" (Covarrubias 512).

Europa: Según la mitología clásica, Júpiter (Zeus para los griegos) se transformó en toro y raptó a Europa (Reid, "Loves of Zeus," 1070).

Faetonte (*Faetón*): Hijo de Helios (el dios-sol) en la mitología griega. Faetonte intentó conducir el carro de su padre, pero quedó fulminado (Reid, "Phaethon," 888).

fanal: "El linternón que lleva en la popa la nave o galera capitana, para que en la oscuridad de la noche la puedan seguir las demás, guiadas por su luz" (Covarrubias 536).

Febo: En la mitología clásica, *Phoebus* o *Phoibos* ("radiante" o "brillante") se emplea como epíteto de Apolo, el dios-sol (Reid, "Apollo as Sun God," 172-73). "Febo" es la forma latina del vocablo griego.

Flora: Diosa romana de las flores, los jardines, la primavera y el amor (Reid, "Flora," 434). Como Amaltea, se asocia con la cornucopia (Hall, "Cornucopia," 75).

fuerza: "[P]uede significar el valor del ánimo y a veces la eficacia de la verdad, que mal nuestro grado nos necesita a que conozcamos nuestros yerros" (Covarrubias 565).

gatazo: "[B]urla pesada, quitando a alguno con artificio y engaño, dinero o cosas de valor" (*Diccionario de autoridades* 32).

gavia: "Una como garita [caseta] redonda, que rodea toda la extremidad del mástil del navío [...]. Sirve para que el grumete puesto en ella registre todo lo que se puede ver del mar" (*Diccionario de autoridades* 35).

gozar: "Es tener congreso carnal con [una mujer]" (*Diccionario de autoridades,* "Gozar una mujer," 66).

grana: Color rojo o purpúreo.

guija: "La piedra pelada, que se cría ordinariamente en las riberas de los ríos y arroyos" (Covarrubias 613).

ha: "[I]nterj[ección] que sirve para explicar diversos afectos y acciones, con que se amonesta, avisa, anima o alaba a alguno" (*Diccionario de autoridades* 103). En la obra *Del rey abajo ninguno* de Francisco de Rojas Zorrilla, Don Mendo emplea la frase "Ha del monte" para llamar a otros (II:334). Hércules también grita estas palabras en *Fieras afemina amor* (III:63) de Pedro Calderón de la Barca.

hermafrodita: "Hermafrodito, nombre de un mancebo, el cual dicen haber sido hijo de Mercurio y de Venus [...] Damos este nombre al que tiene ambos sexos de hombre y mujer, dicho por otro término andrógino" (Covarrubias 628).

jaspe: "Piedra manchada de varios colores, especie de mármol, capaz de pulimento" (*Diccionario de autoridades* 318).

Júpiter (*Zeus*): Dios supremo del panteón en la mitología romana (Reid, "Júpiter," 623). Uno de los muchos relatos cuenta que Júpiter (Zeus para los griegos) se transformó en toro y raptó a Europa (Reid, "Loves of Zeus," 1070).

laurel: En la mitología clásica, la ninfa Dafne se convirtió en laurel al huir de Apolo (Hall, "The Loves of Apollo," 28-29). En los retratos renacentistas, la presencia del laurel también señala que el modelo es una figura literaria o artística (Hall, "Laurel," 190).

lentisco: "Árbol conocido; está siempre verde y lleva tres frutos al año" (Covarrubias 709). Como el arrayán (o mirto), el lentisco es un arbusto de hoja perenne.

lenzuelo: Pañuelo.

Licomedes: Rey de Escirio (Reid, "Achilles at Scyros," 5).

Lisipo: Escultor clásico griego del siglo IV a. C. (Turner y Nancy Serwint, "Lysippos," *Dictionary of art* 19, 852-54).

listón: "Se llama comunmente cierto género de cinta de seda más angosta que la colonia" (*Diccionario de autoridades* 416).

manto: "El que cubre a la mujer cuando ha de salir de su casa, cubriendo con él su cabeza" (Covarrubias 735).

mareta: "Térm[ino] náutico. El movimiento de las aguas, que empieza a esforzarse poco a poco" (*Diccionario de autoridades* 498).

Marte: Dios romano del poder y de la guerra (Reid, "Mars," 638). Según Covarrubias, "no hay para qué gastar aquí tiempo en extender su fábula ni discurso, por estar tan sabido; y si lo hubiéramos de poner todo, fuera cosa larga" (739).

Menelao: Según la mitología griega, rey de Esparta cuya esposa, Elena (Helena), fue seducida por Paris, uno de los príncipes de Troya.

menester: "[E]s la necesidad de una cosa, y esa que falte se echa menos" (Covarrubias 748).

mirto: Es un arbusto de hoja perenne como el arrayán. En la mitología clásica, el mirto o arrayán se asociaba con la diosa Afrodita (Venus para los romanos) y simbolizaba el amor eterno y la fidelidad conyugal (Hall, "Myrtle," 219).

Narciso: "Los poetas fingen haber sido un muchacho, hijo del rey Céfiso y de la ninfa Liríope, de extraña hermosura, el cual, llegando a una fuente y viendo en ella su figura, se enamoró de ella y se fue consumiendo hasta que los dioses le convirtieron en esta planta y flor [el narciso]. Temo que hoy día hay muchos de estos Narcisos, que en la fuente de sus espejos se enamoran de sí mismos y con justa razón se les puede dar el nombre de estúpidos" (Covarrubias 773). Según la mitología clásica, joven de gran belleza que se enamoró de su propio reflejo en el agua (Reid, "Narcissus," 692).

navichuelo: "Navío pequeño de poco buque" (*Diccionario de autoridades* 654).

Neptuno (*Poseidón*): Neptuno (Poseidón para los griegos) era el dios de las aguas y los mares en la mitología romana. Se representaba frecuentemente llevando un tridente en alto (Reid, "Poseidon," 914-15). Uno de los muchos relatos sobre él cuenta que se transformó en delfín para seducir a Melantea (Reid, "Loves of Poseidon," 920).

oblea: "Hoja muy delgada hecha de harina y agua, que se forma en un molde, y se cuece al fuego. Sirve para diversos usos, y a la que ha de ser para cerrar las cubiertas de las cartas, se le mezcla un poco de color rojo" (*Diccionario de autoridades* 4).

Paris: Según la mitología griega, Paris, uno de los príncipes de Troya, se enamoró de Elena (Helena), esposa del rey Menelao de Esparta, y se la llevó a su patria. Para vengarse, los griegos invadieron Troya (Reid, "Paris," 817-18).

paroxismo: Término retórico que indica un desbordamiento casi exagerado de las emociones.

Pasife: Según la mitología griega, Pasife (Pasífae) se enamoró de un toro blanco y dio a luz al Minotauro (Reid, "Pasiphaë," 842).

pedernal: "La piedra de que se saca fuego herida con el eslabón" (Covarrubias 810).

pedrero: "[E]l soldado que servía con honda y piedras" (*Diccionario de autoridades* 183).

Peles (*Peleo*): Padre mortal de Aquiles en la mitología griega (Reid, "Thetis and Peleus," 1027-28).

pistolete: "Arcabuz pequeño" (Covarrubias 824). La palabra también tiene un uso metonímico. Mancing nos recuerda que "los pistoletes" de Cervantes son mercenarios armados que intentan asesinar al héroe del cuento "La española inglesa" ("Hired gunmen [Pistoletes]," 372).

pluguiese: Tercera persona singular del imperfecto del subjuntivo del verbo "placer."

Policarpo: Policarpo (c. 69–c. 155) es un santo de la Iglesia Católica, y se lo considera padre apostólico y mártir. Fue obispo de Esmirna (Izmir, Turquía), al sur de Troya (Farmer, "Polycarp," 367). En *Los trabajos de Persiles y Sigismunda*, la última novela de Cervantes, Policarpo es el rey de la isla de Scinta (Mancing, "Policarpo," 579).

Polifemo: Según la mitología griega, este cíclope era hijo de Poseidón (Reid, "Polyphemus," 732), y se enamoró de la ninfa Galatea (Reid, "Galatea," 444). Es uno de los protagonistas titulares del poema barroco *Fábula de Polifemo y Galatea* de Luis de Góngora (1627).

porque: Véase la nota 131.

proa: "La parte primera o delantera de la nave, que va cortando las aguas del mar" (*Diccionario de autoridades* 387).

Progne: Según la mitología clásica, los dioses transformaron a Progne y su hermana Filomela en aves (Reid, "Philomela and Procne," 895).

pulgón: "[U]n gusanillo que come las vides y las roe" (Covarrubias "Pulga – Pulgón," 840). Pulgón habla sobre el origen de su nombre en los versos 674-76.

quilla: "El lomo o espinazo del bajel [barco] sobre el cual se arman las costeras de una y otra banda de él" (Covarrubias 845); "Madero largo que pasa de popa a proa del navío o embarcación, en la parte ínfima de él, y es en el que se funda toda su fábrica" (*Diccionario de autoridades* 470).

quintal: "Peso de cien libras" (Covarrubias 846).

rodela: "Escudo redondo y delgado que embrazado en el brazo izquierdo, cubre el pecho al que pelea con espada" (*Diccionario de autoridades* 630).

rosicler: "El color encendido y luciente [de la aurora], parecida al de la rosa encarnada" (*Diccionario de autoridades* 644).

Saturno: Según la mitología romana, Saturno (Crono para los griegos) se transformó en caballo y convirtió a su amante Filira en yegua para esconder su amor ilícito (Reid, "Cronus," 310).

saya: "[E]l vestido de la mujer de los pechos abajo" (Covarrubias 887).

Segismundo: Personaje trágico de Pedro Calderón de la Barca que es protagonista del drama filosófico *La vida es sueño* (1635).

Sísifo: Según la mitología griega, Sísifo fue obligado a empujar una piedra inmensa cuesta arriba en el Hades para toda la eternidad. Cada vez que se acercaba a la cima de la peña, la piedra se caía, y Sísifo tenía que emprender el ascenso otra vez (Reid, "Sisyphus," 1008).

Tántalo: Según la mitología griega, Tántalo murió aplastado por una roca. En el Tártaro (un lugar aún más profundo que Hades), Tántalo se sentía amenazado por una gran piedra que siempre pendía sobre él y estaba a punto de machacarle (Reid, "Tantalus," 1013).

Tetis: Madre de Aquiles en la mitología griega. Era una ninfa, y se casó con el mortal Peles [Peleo] (Reid, "Thetis," 1026).

Timantes: Pintor clásico griego de fines del siglo V o comienzos del siglo IV a. C. (Turner y C. Hobey-Hamsher, "Timanthes," *Dictionary of art* 30, 893).

timón: "El madero más principal y conocido del navío, que le sirve de gobierno: como el freno al caballo" (*Diccionario de autoridades* 275-76).

tiro pedrero: "Pieza de artillería del tercer género, que sirve para combatir en el mar contra los navíos y galeras, y en la tierra para defender los asaltos de los enemigos, arrojando piedras" (*Diccionario de autoridades* "Pedrero," 183).

tiro: "La pieza de artillería que tira la pelota" (Covarrubias 922). También tiene otro significado: "La burla que se hace a alguno maliciosamente, engañándolo" (Covarrubias 922).

triza (*driza*): "En la náutica vale cuerda o maroma" (*Diccionario de autoridades* 362).

Troya: "Región de Asia la menor, en la cual fue la ciudad de Ilión, do[nde] residió la corte del rey Príamo. A esta misma llamaron también los escritores *Troya*, la cual destruyeron los griegos" (Covarrubias, "Troia [Troya]," 939).

Ulises (*Odiseo*): Nombre romano de Odiseo, el famoso rey mitológico de Ítaca y uno de los grandes héroes de la guerra de Troya (Reid, "Odysseus," 724). Según Covarrubias, "Homero le ensalzó tanto por su prudencia y sagacidad, que le antepuso a todos los demás príncipes de Grecia" (Covarrubias 943).

Vesta: Diosa romana del hogar (Reid, "Vesta," 1057).

¡Vive Júpiter!: Es el equivalente de "¡Por dios!," ya que, según la mitología romana, Júpiter es el padre de los dioses y los seres humanos.

CPSIA information can be obtained
at www.ICGtesting.com
Printed in the USA
LVHW081620280819
629260LV00012B/845/P

9 781588 713131